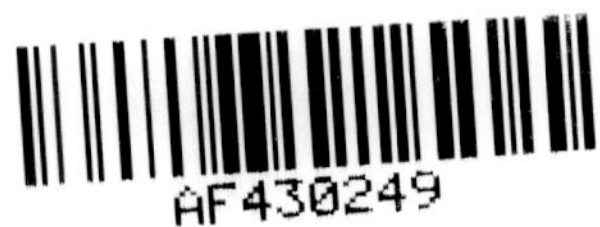

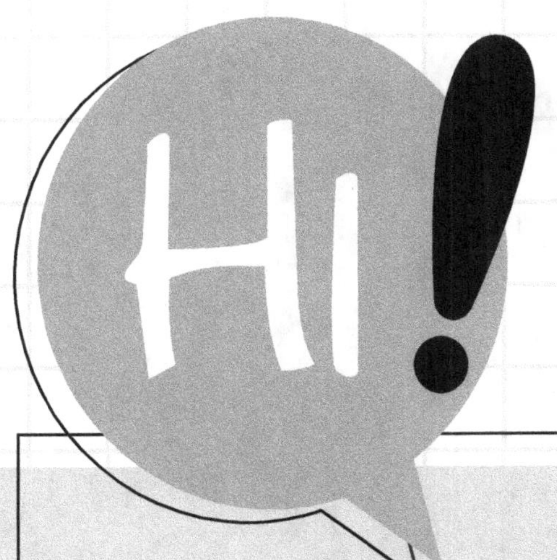

AF430249

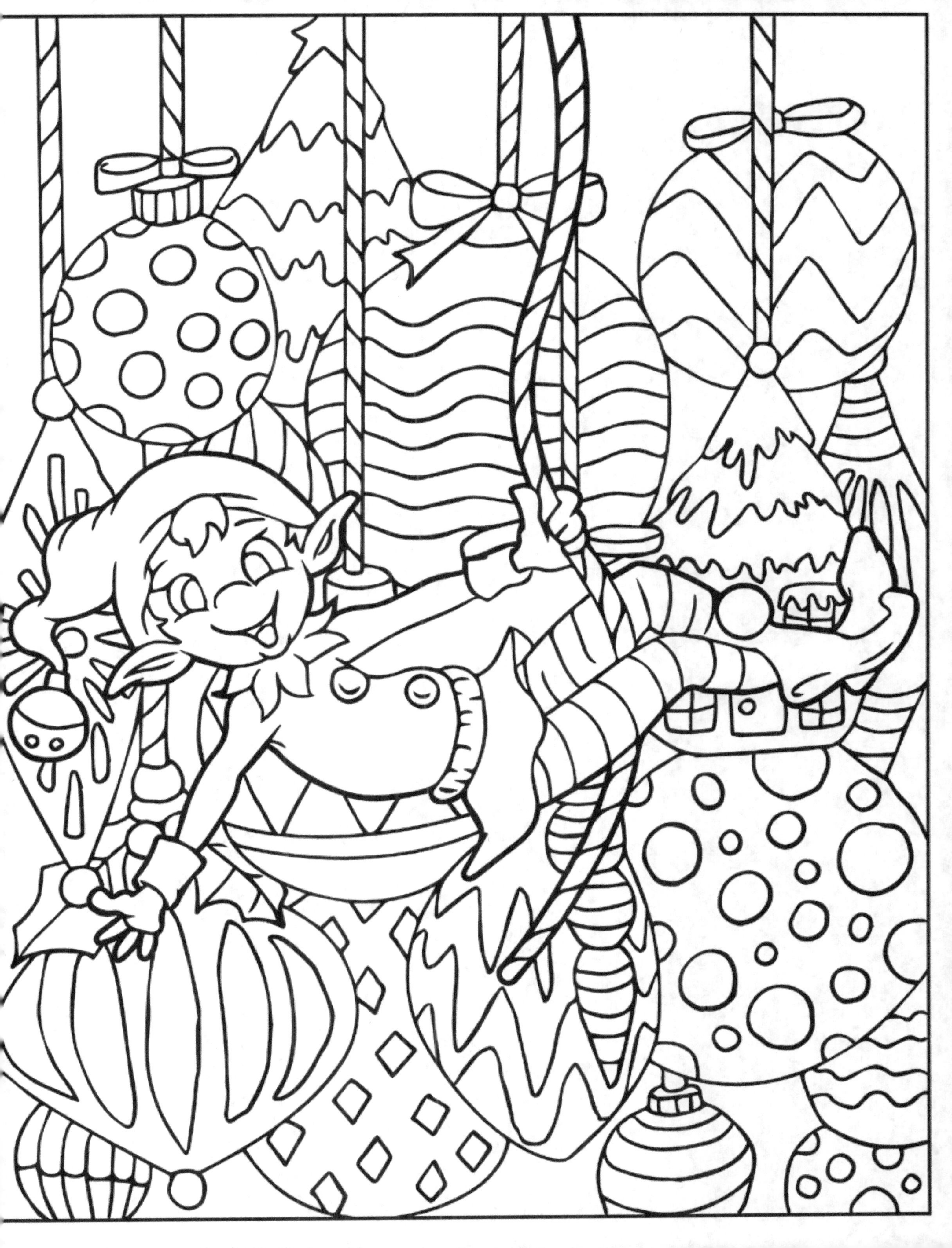

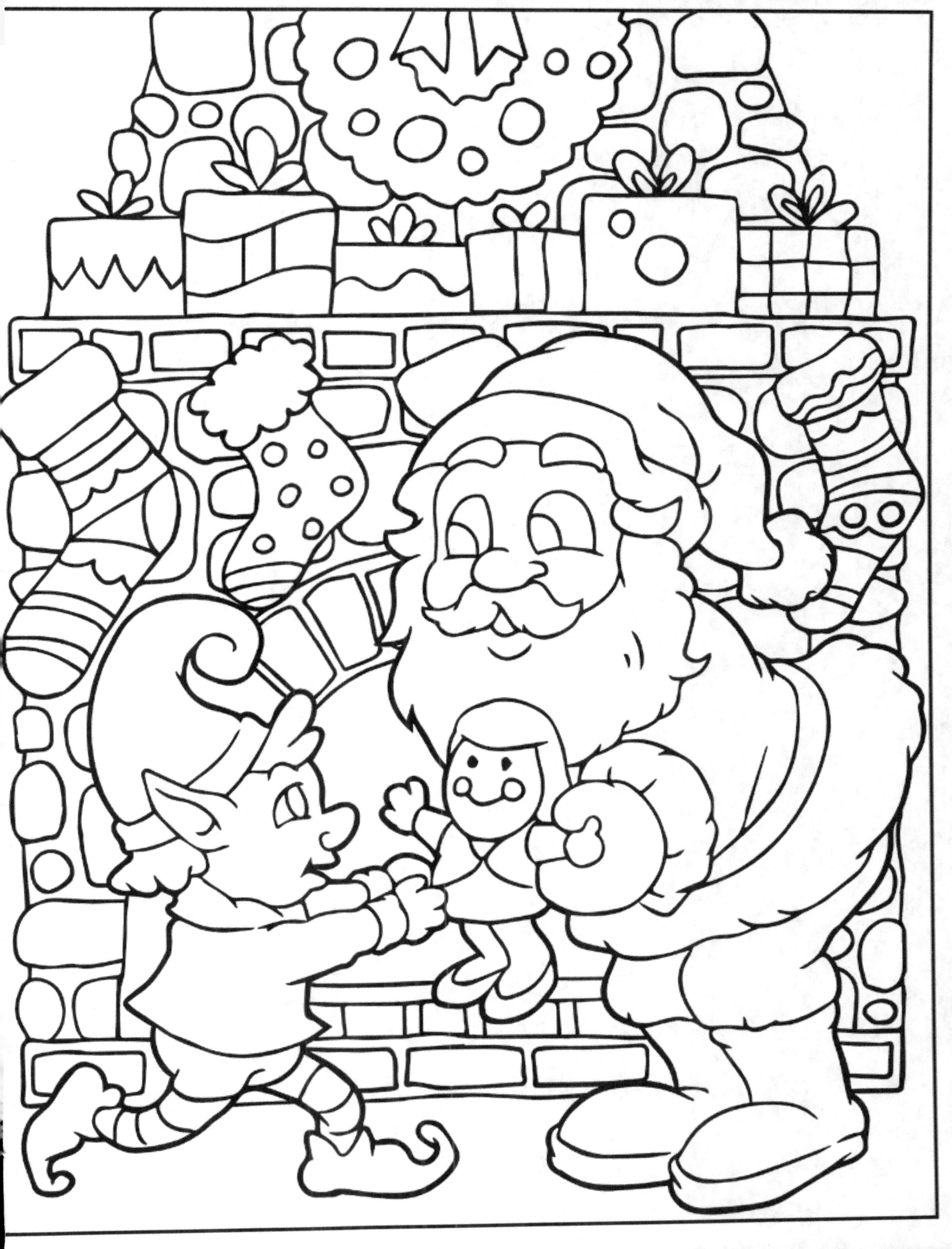

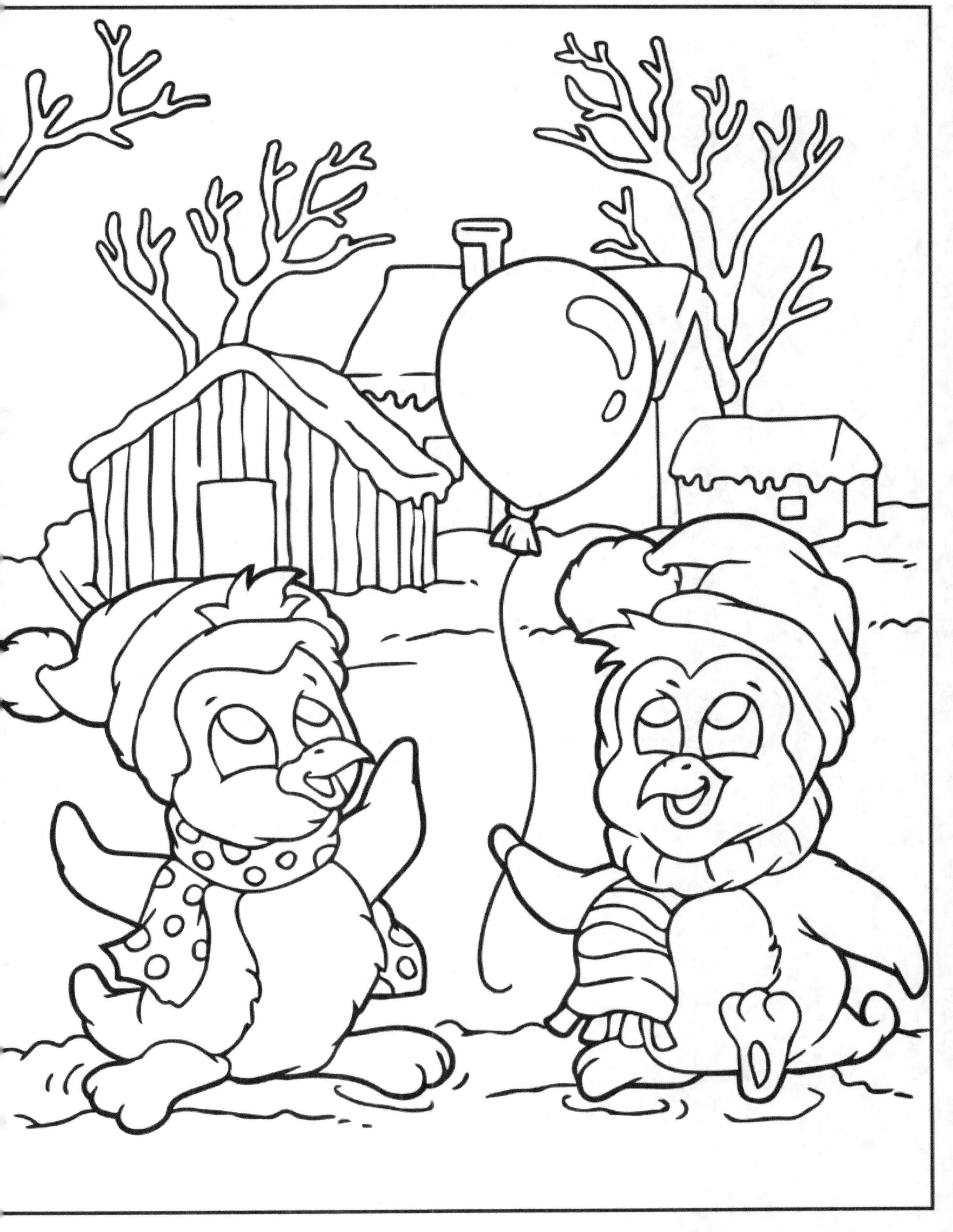

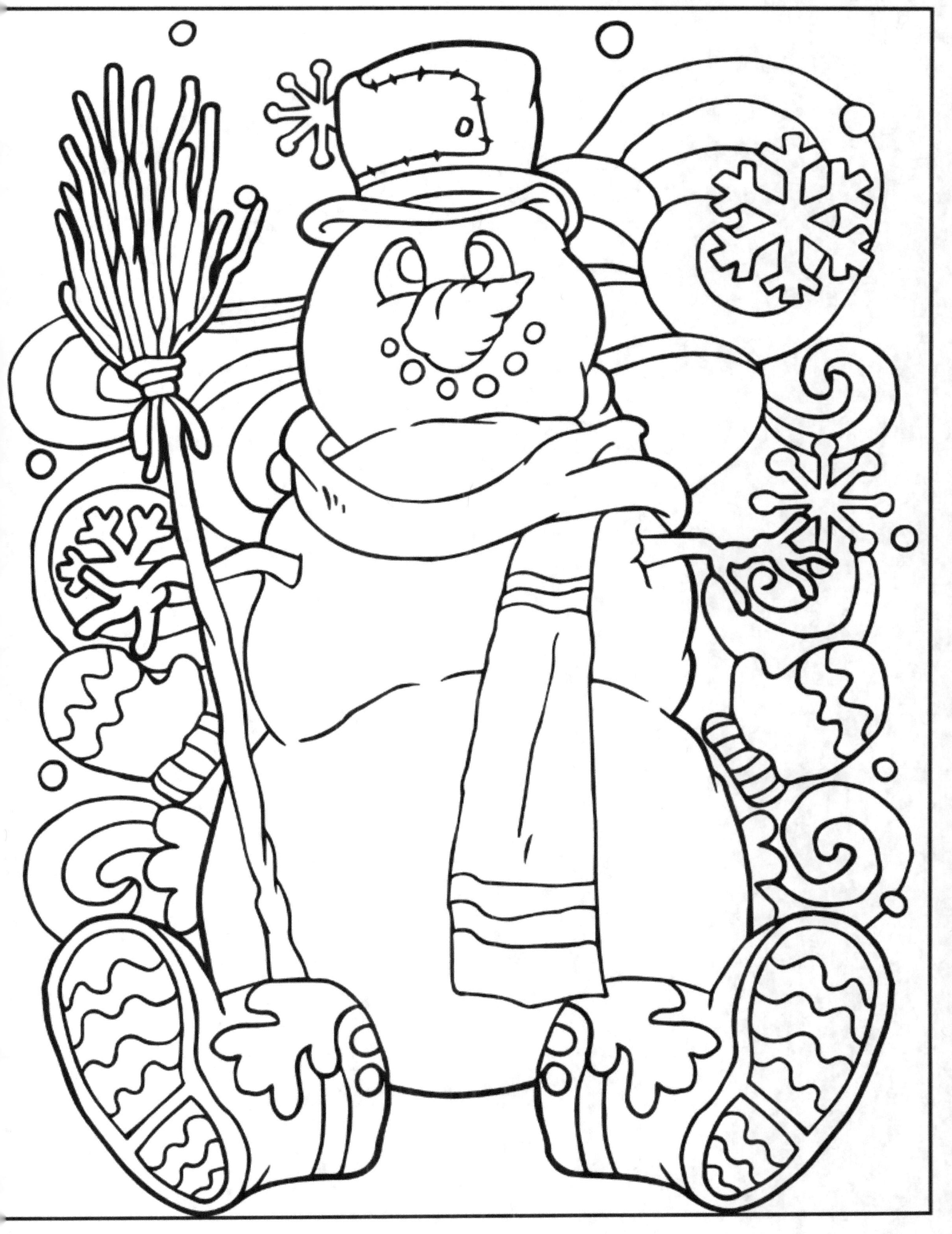

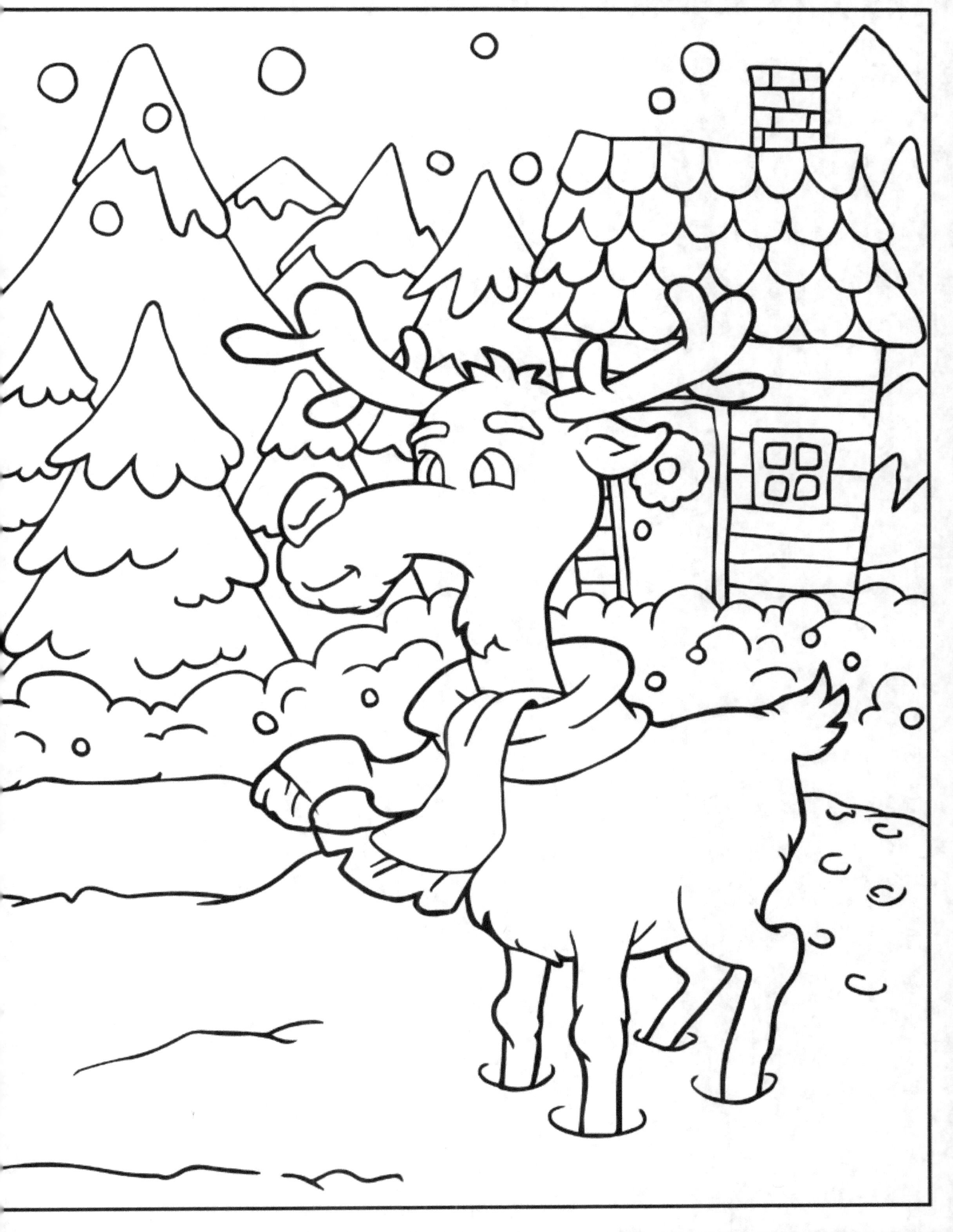

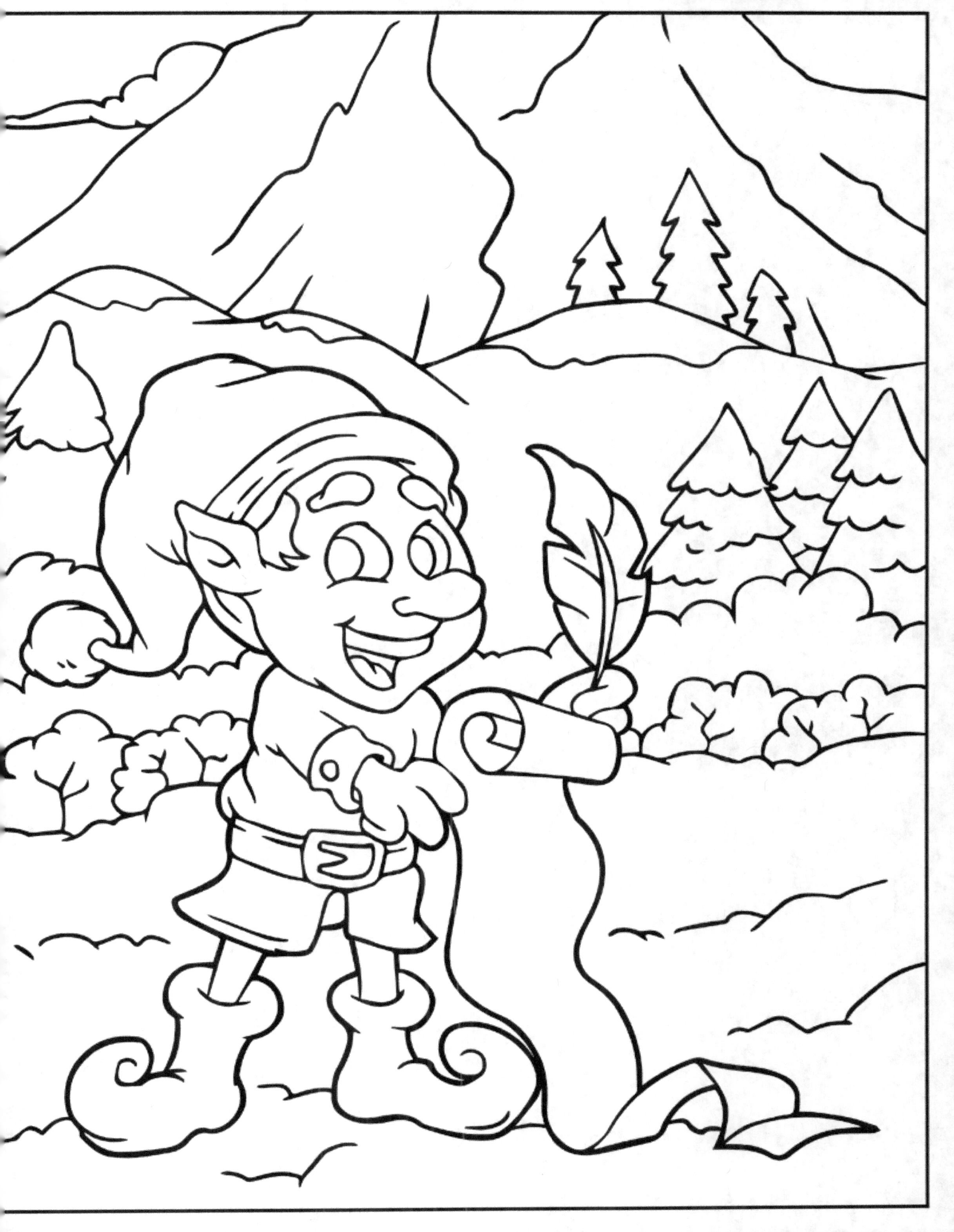

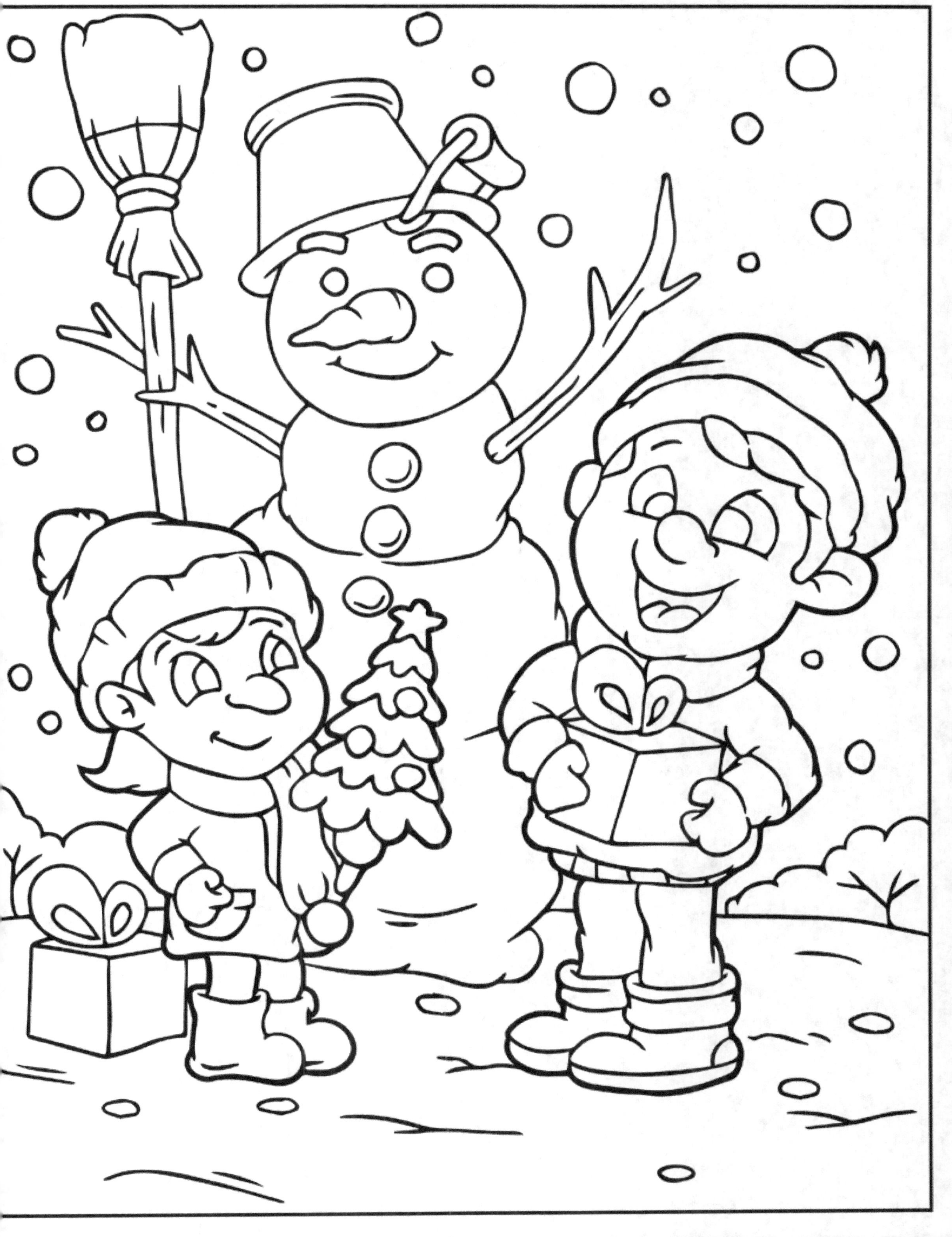

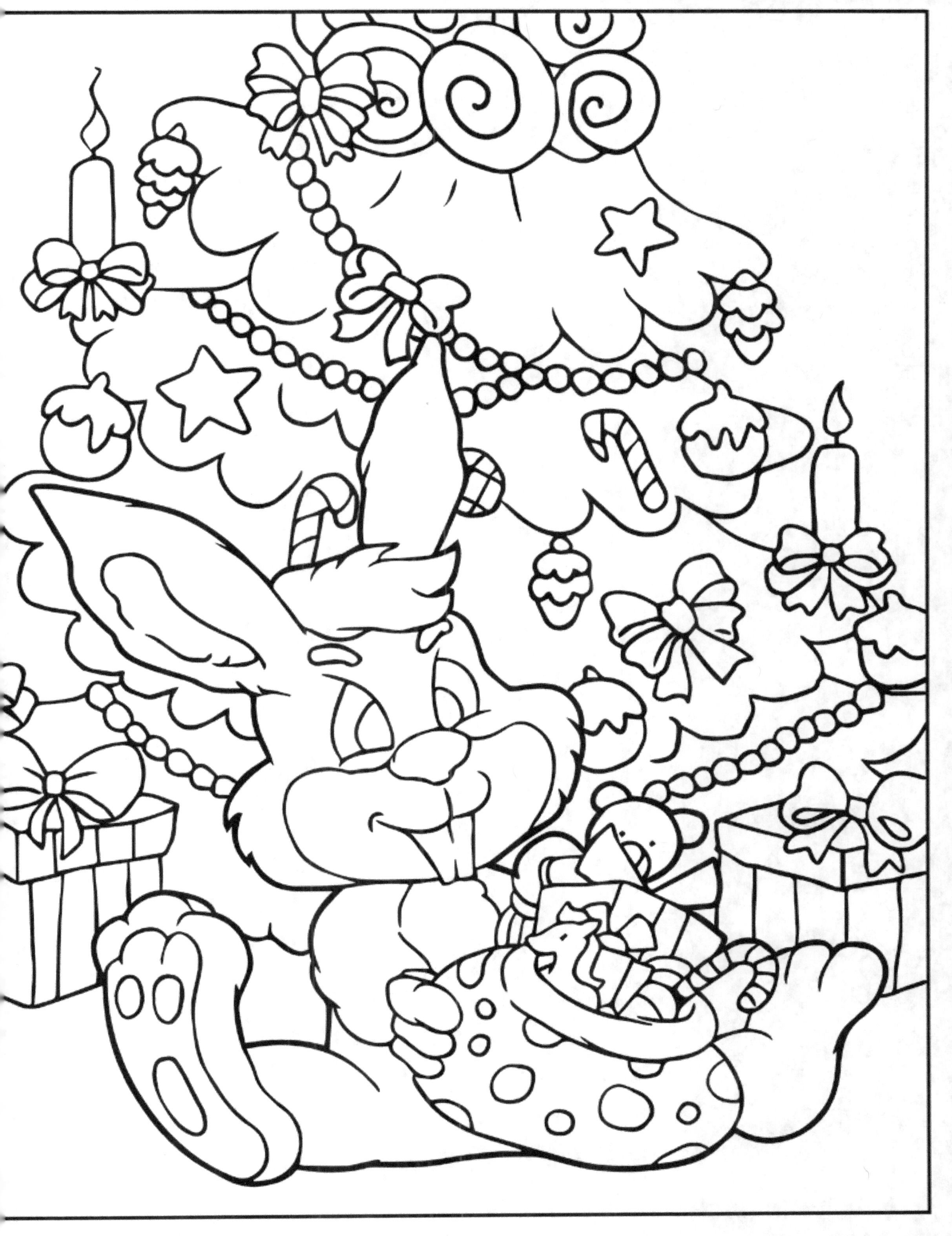

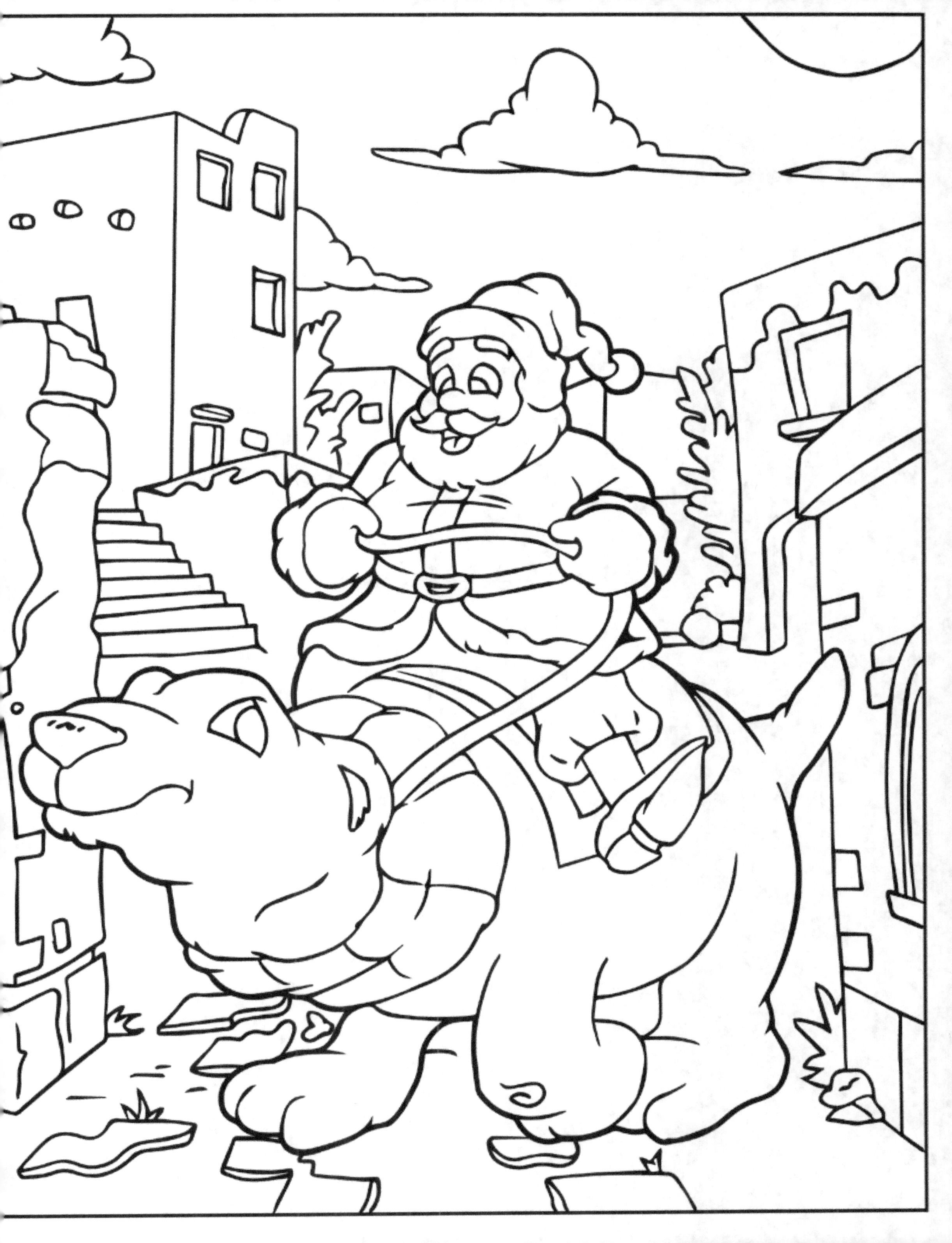

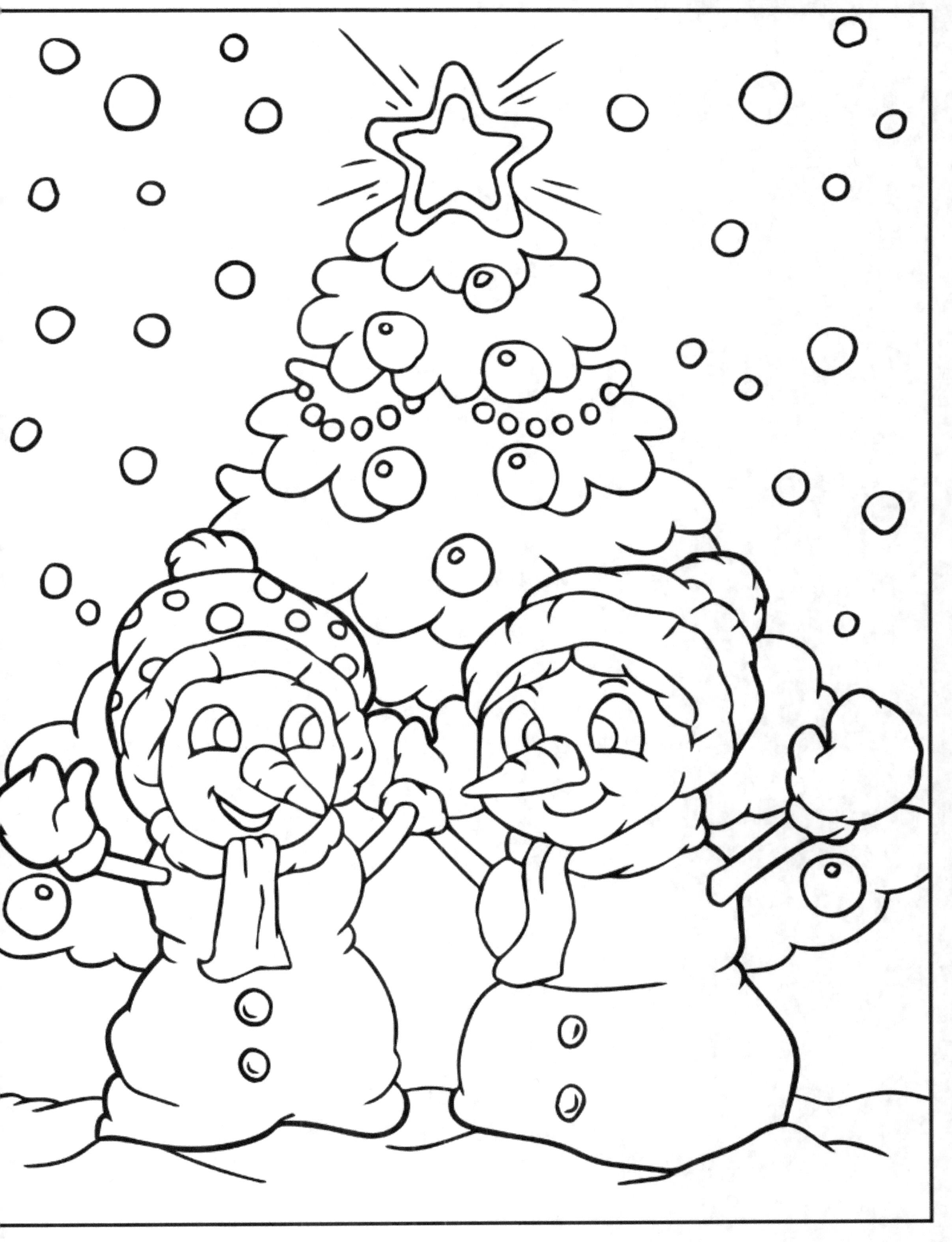

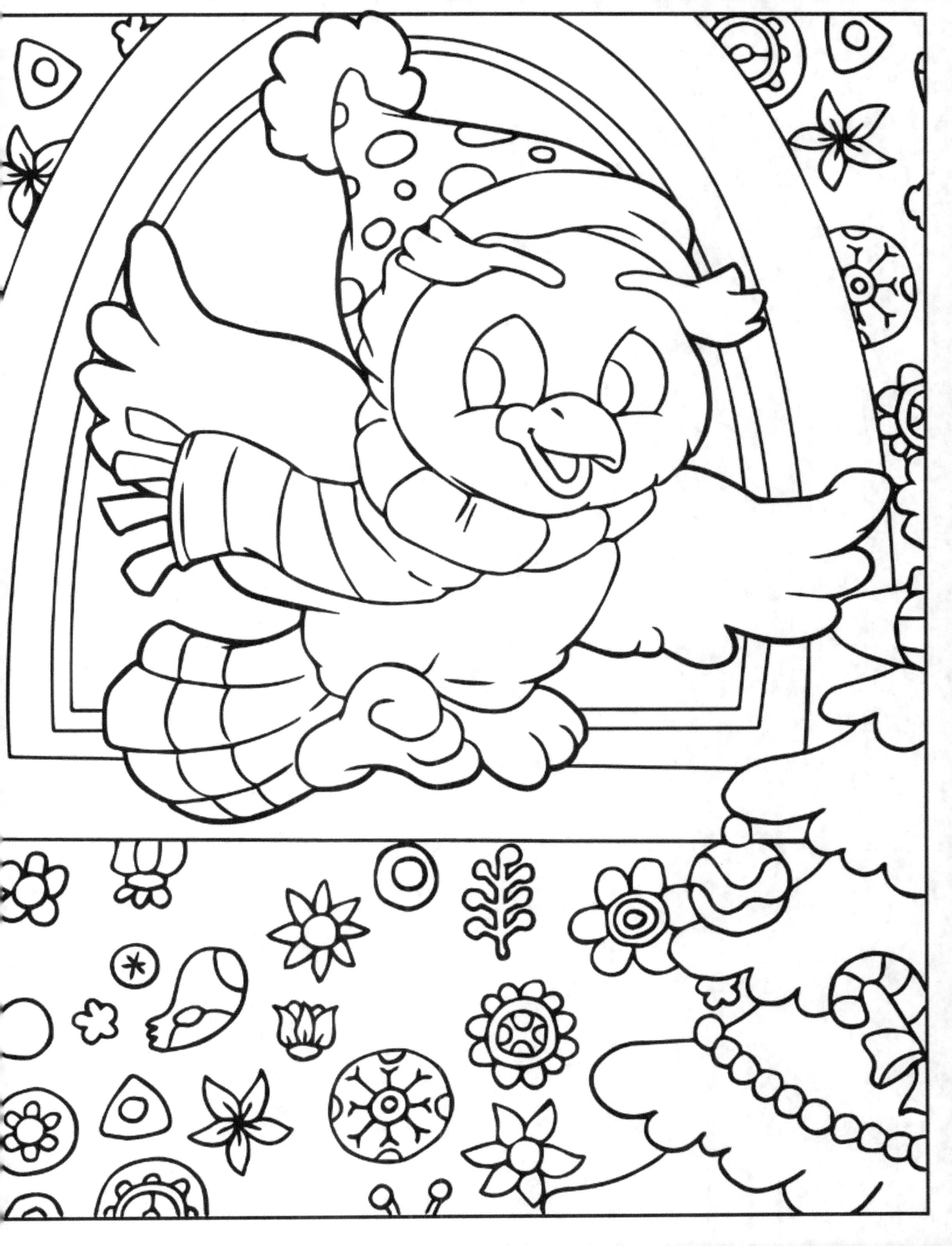

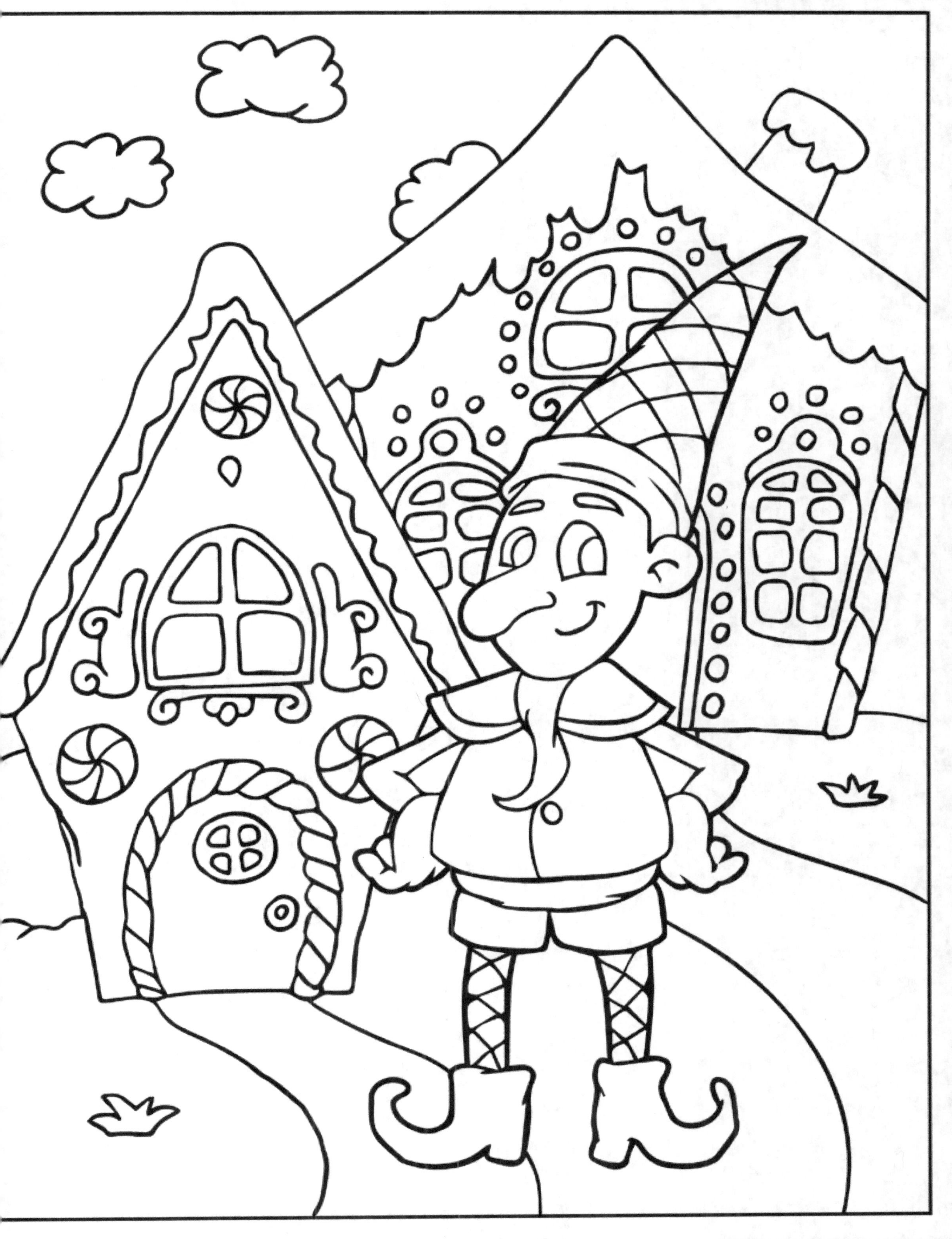

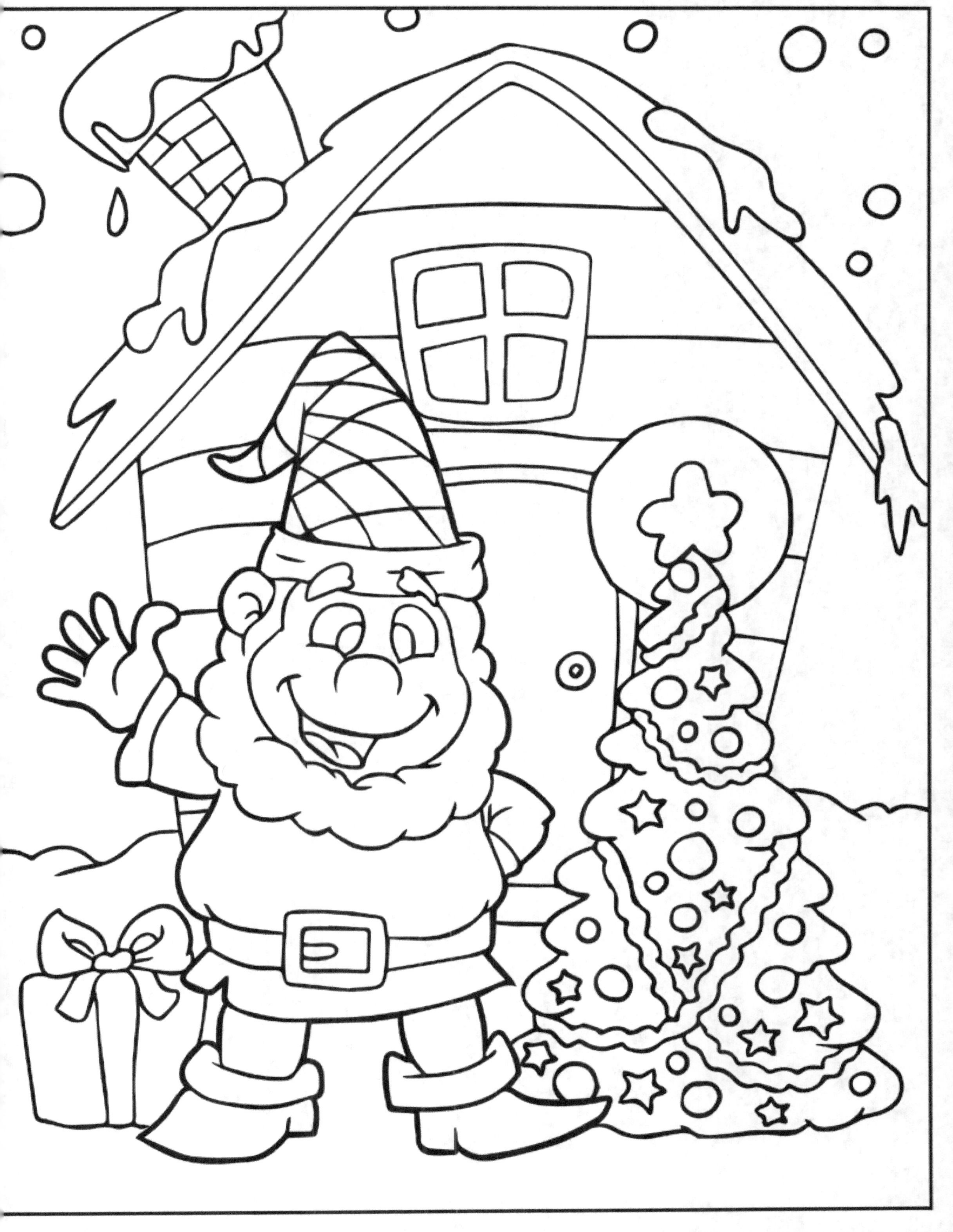

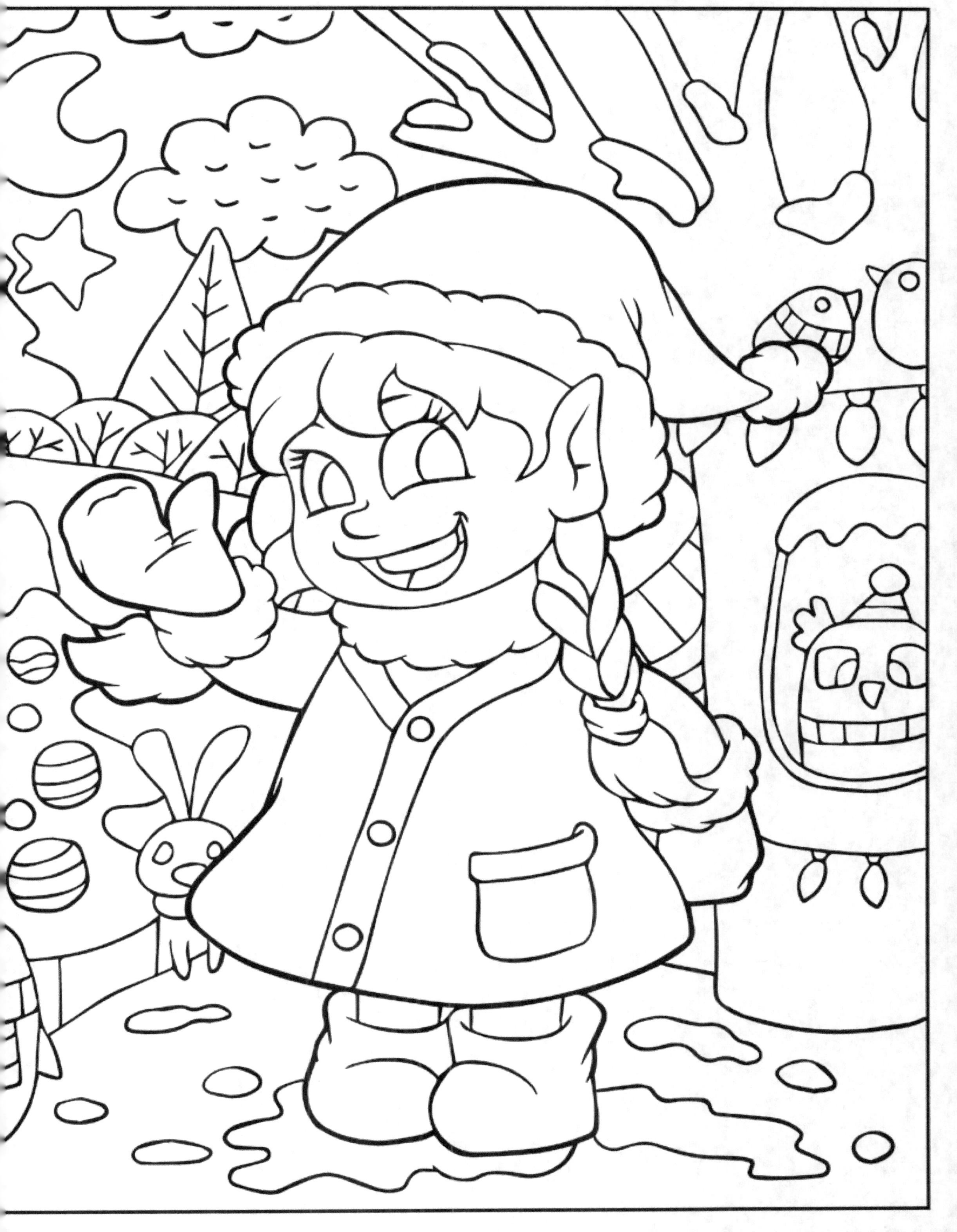

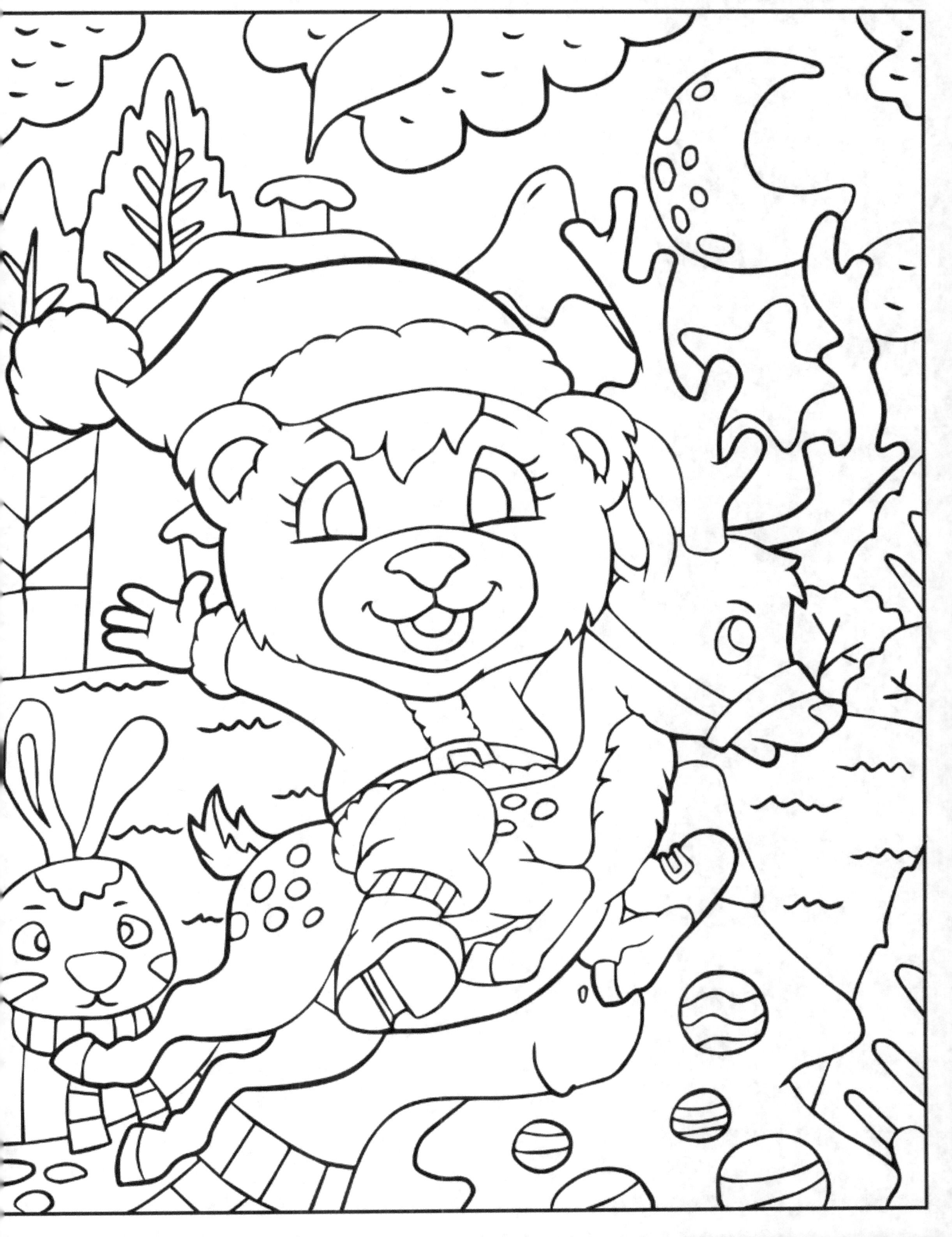

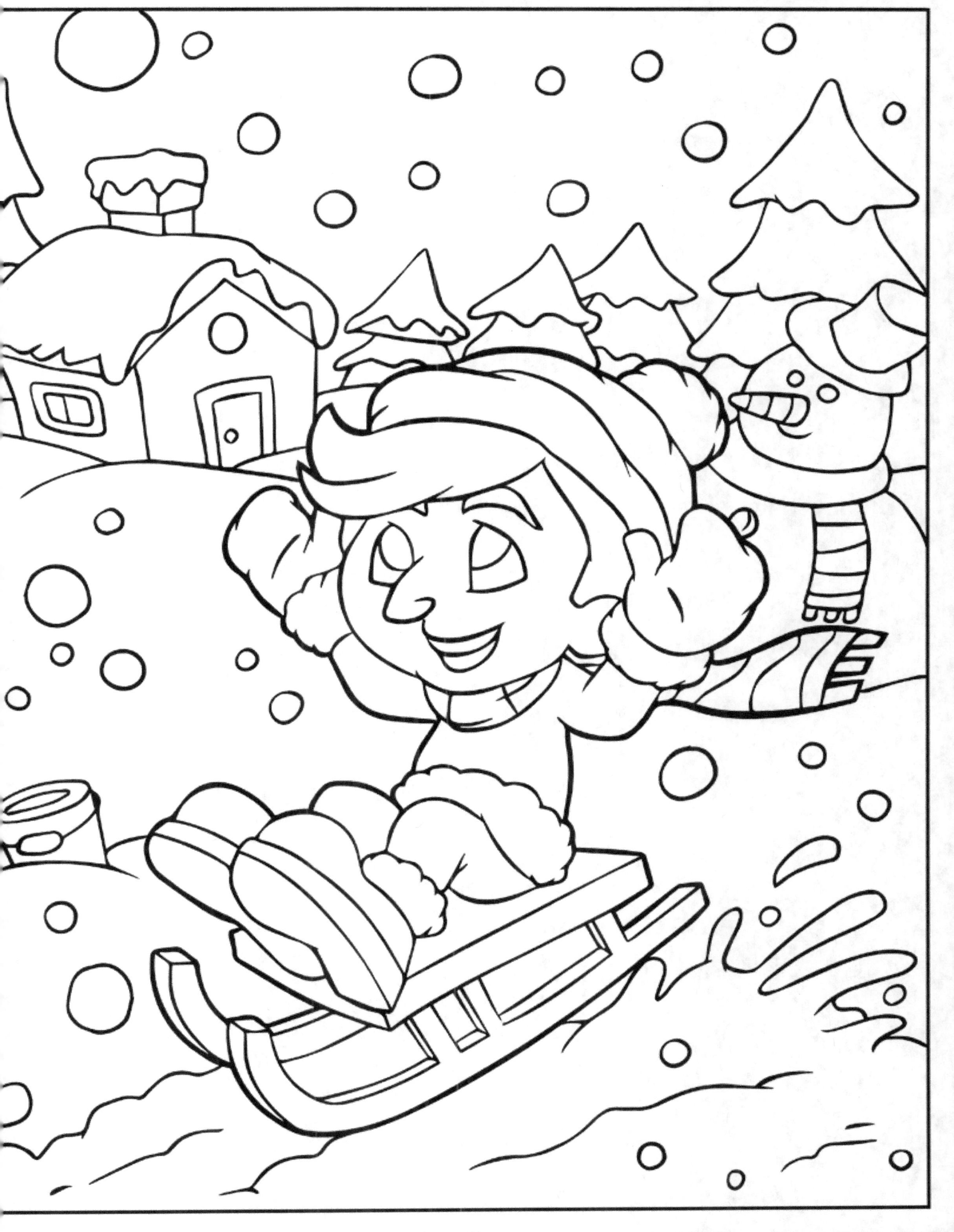

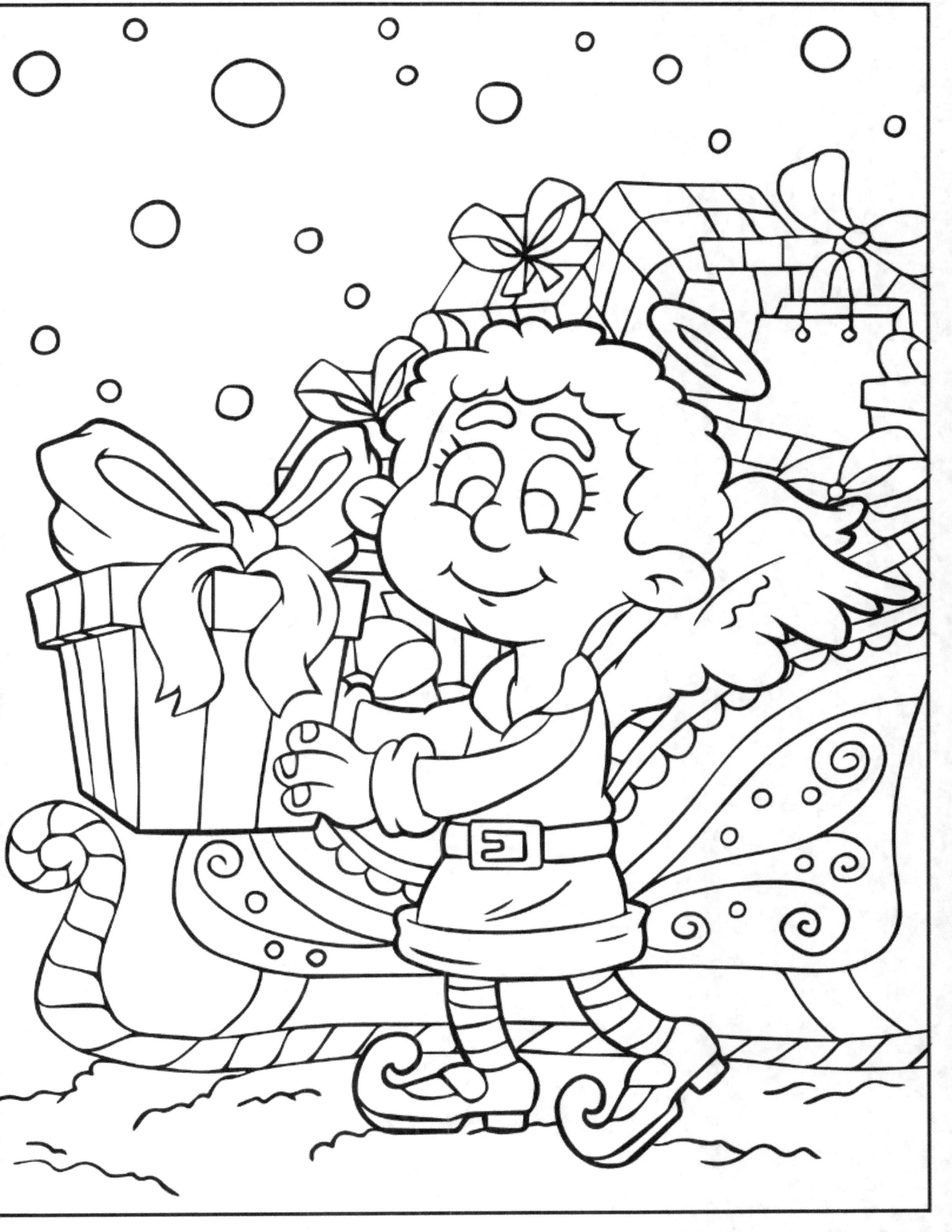

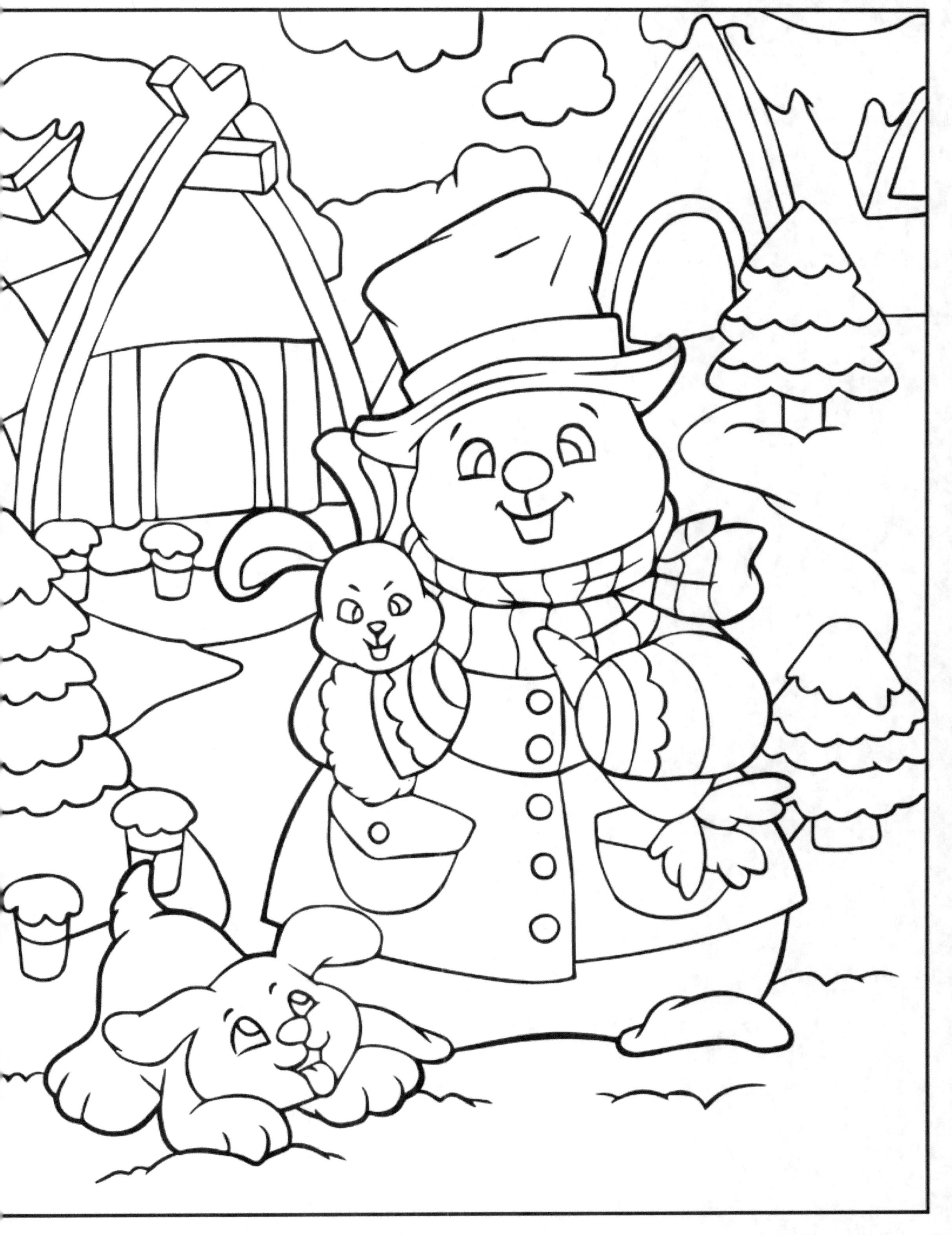

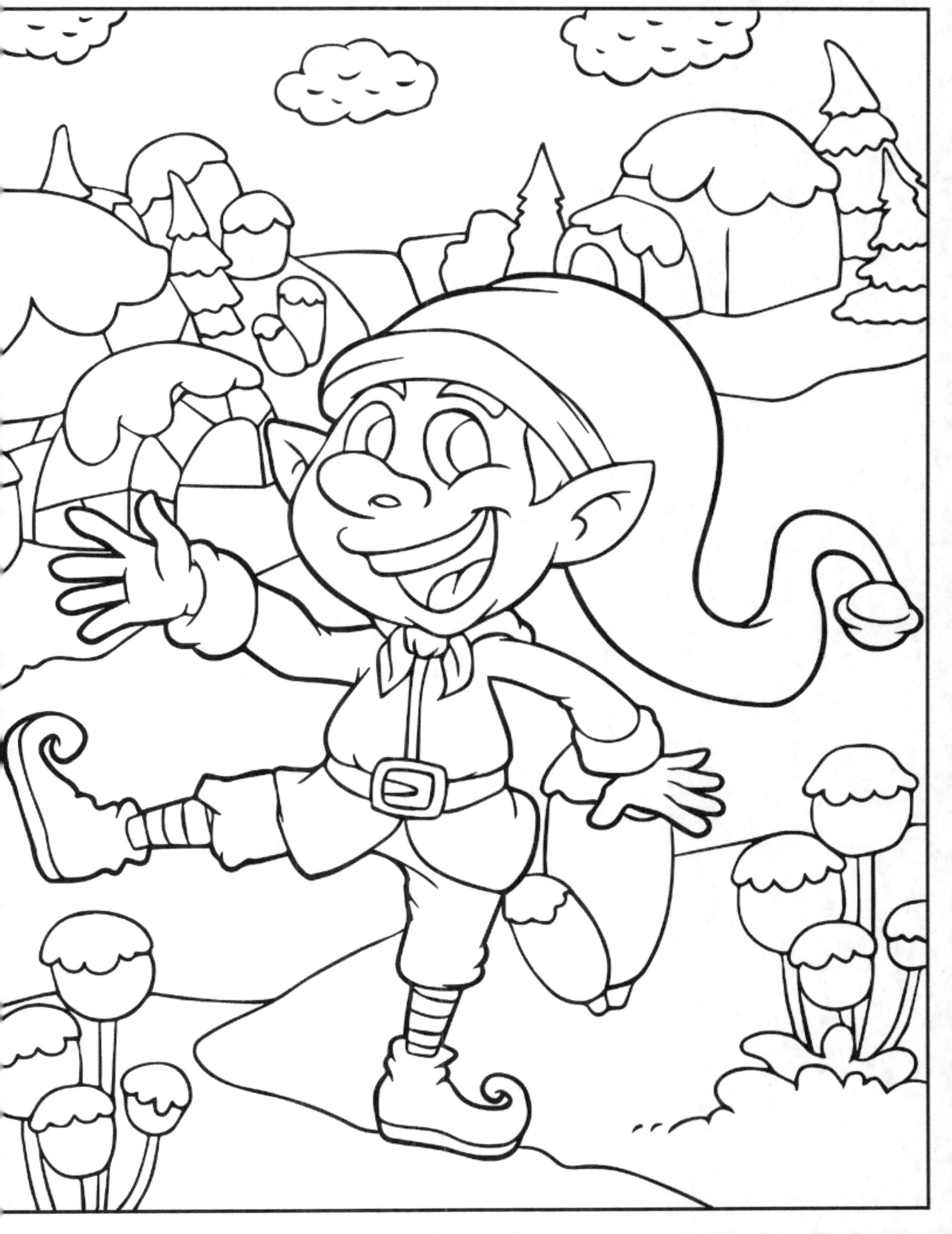

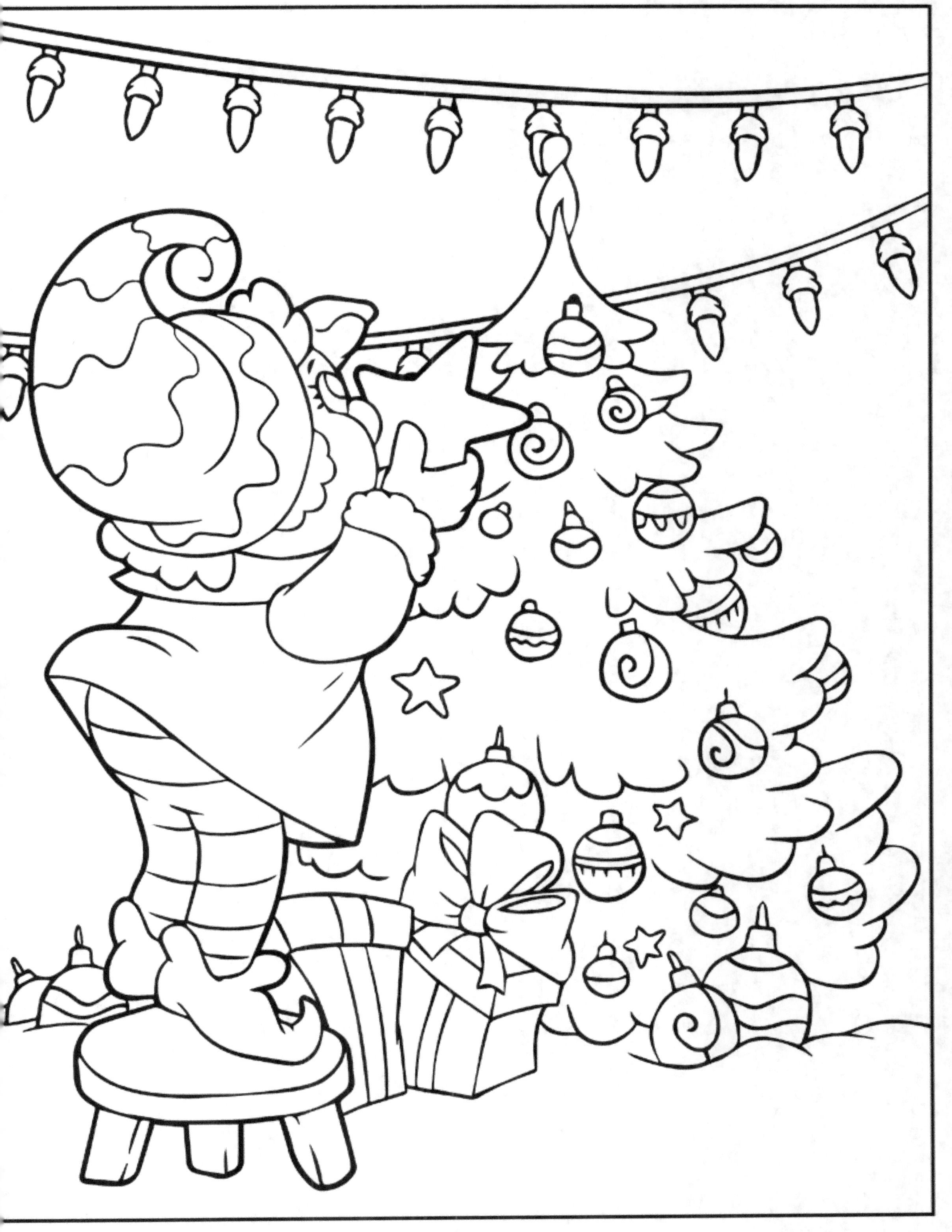

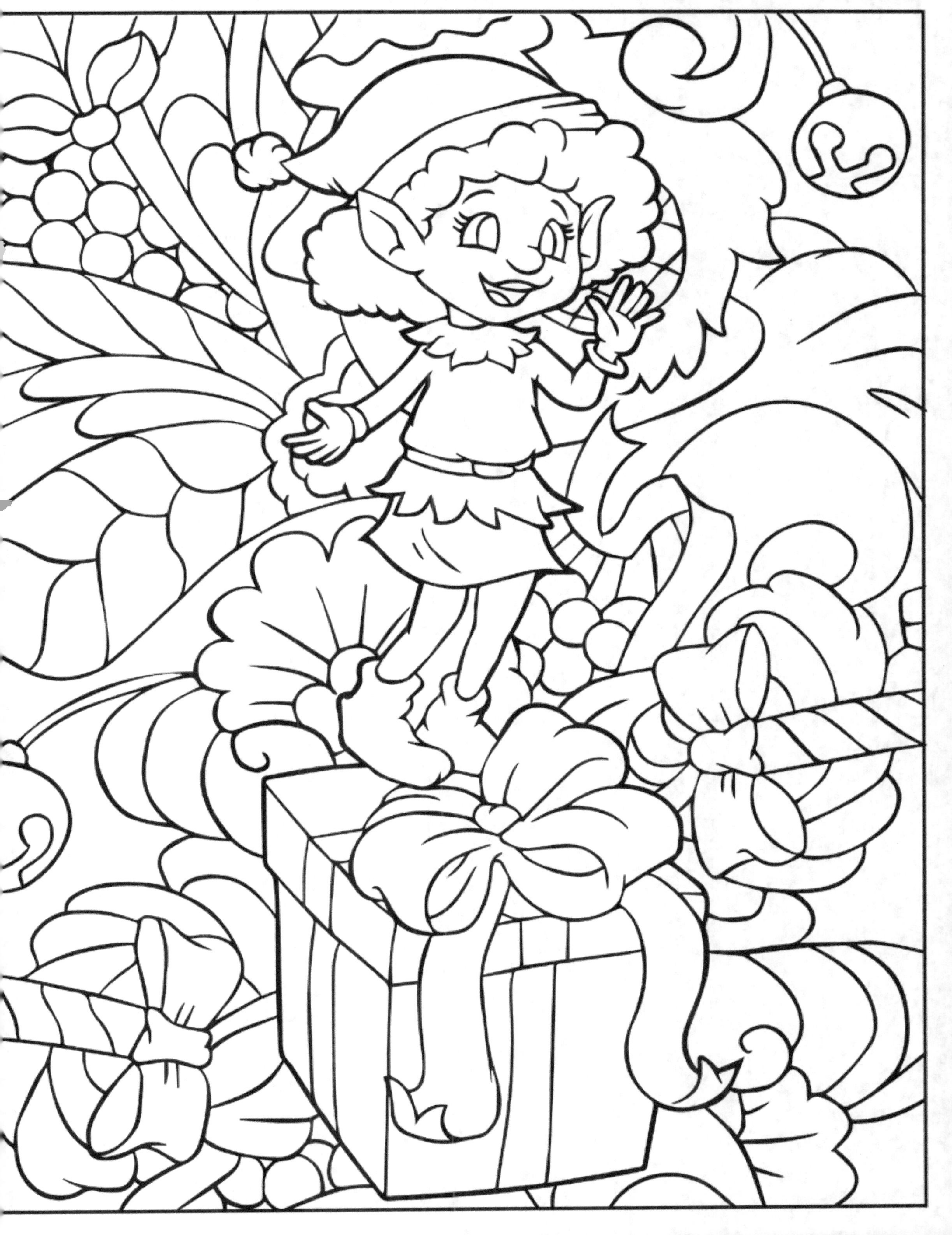

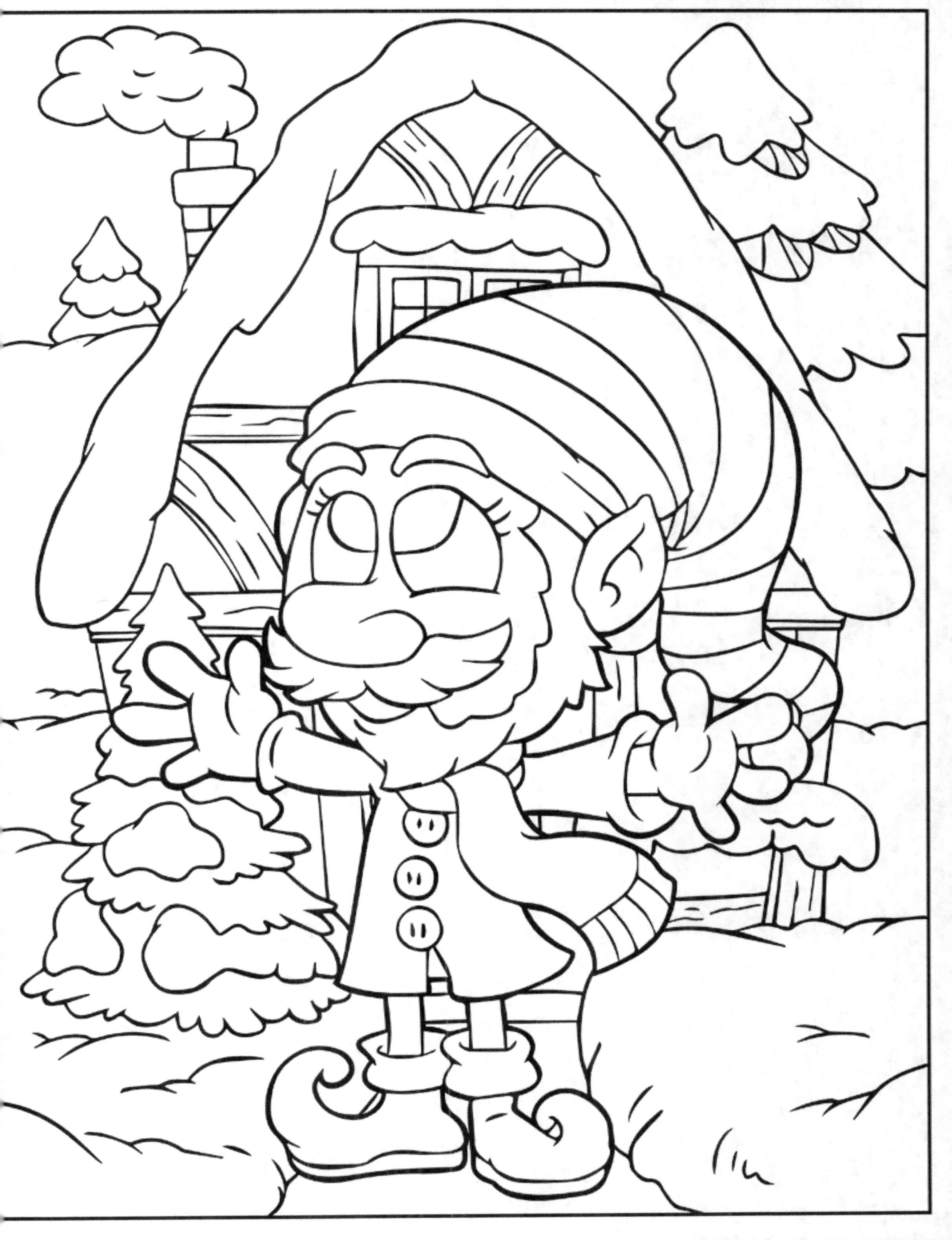

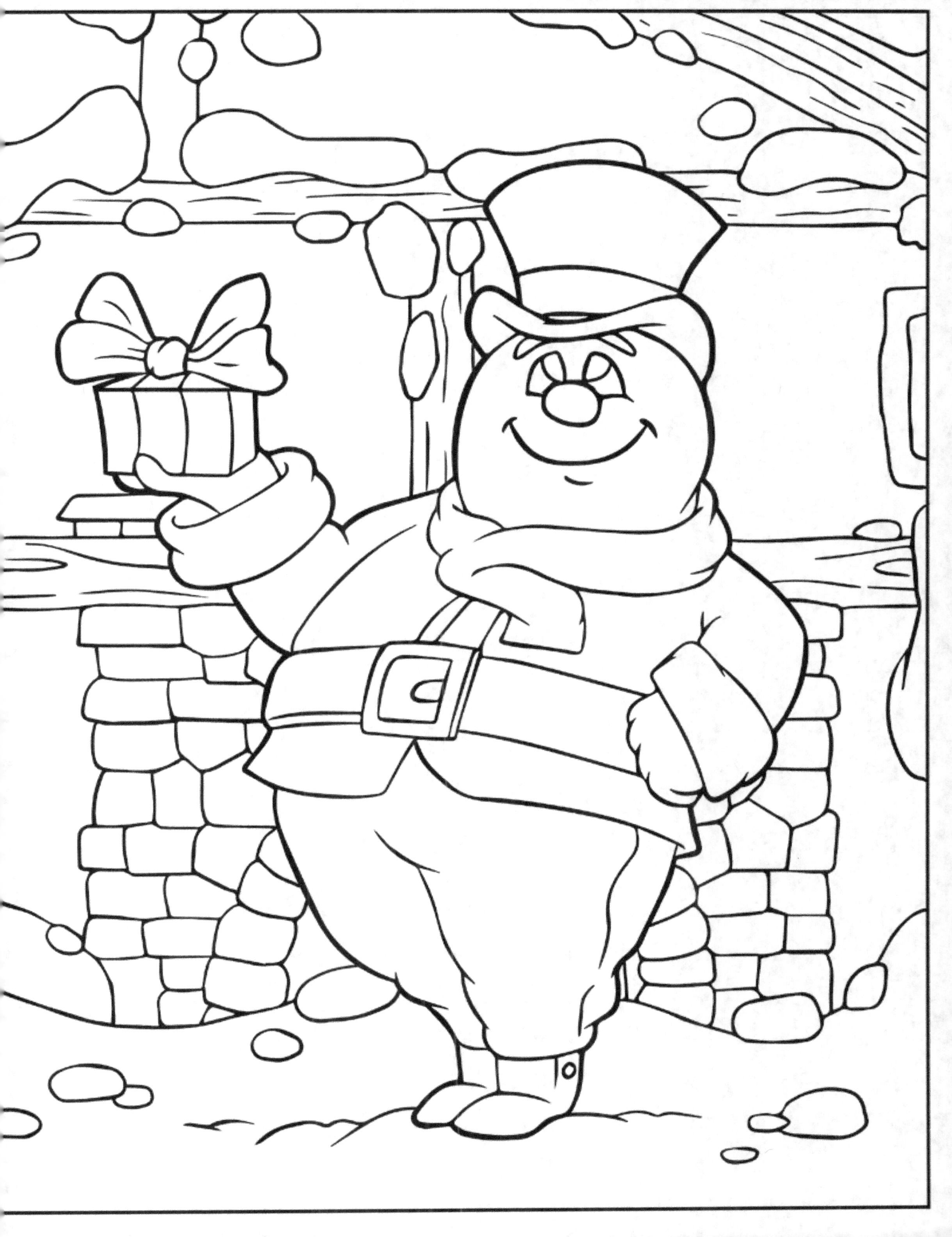

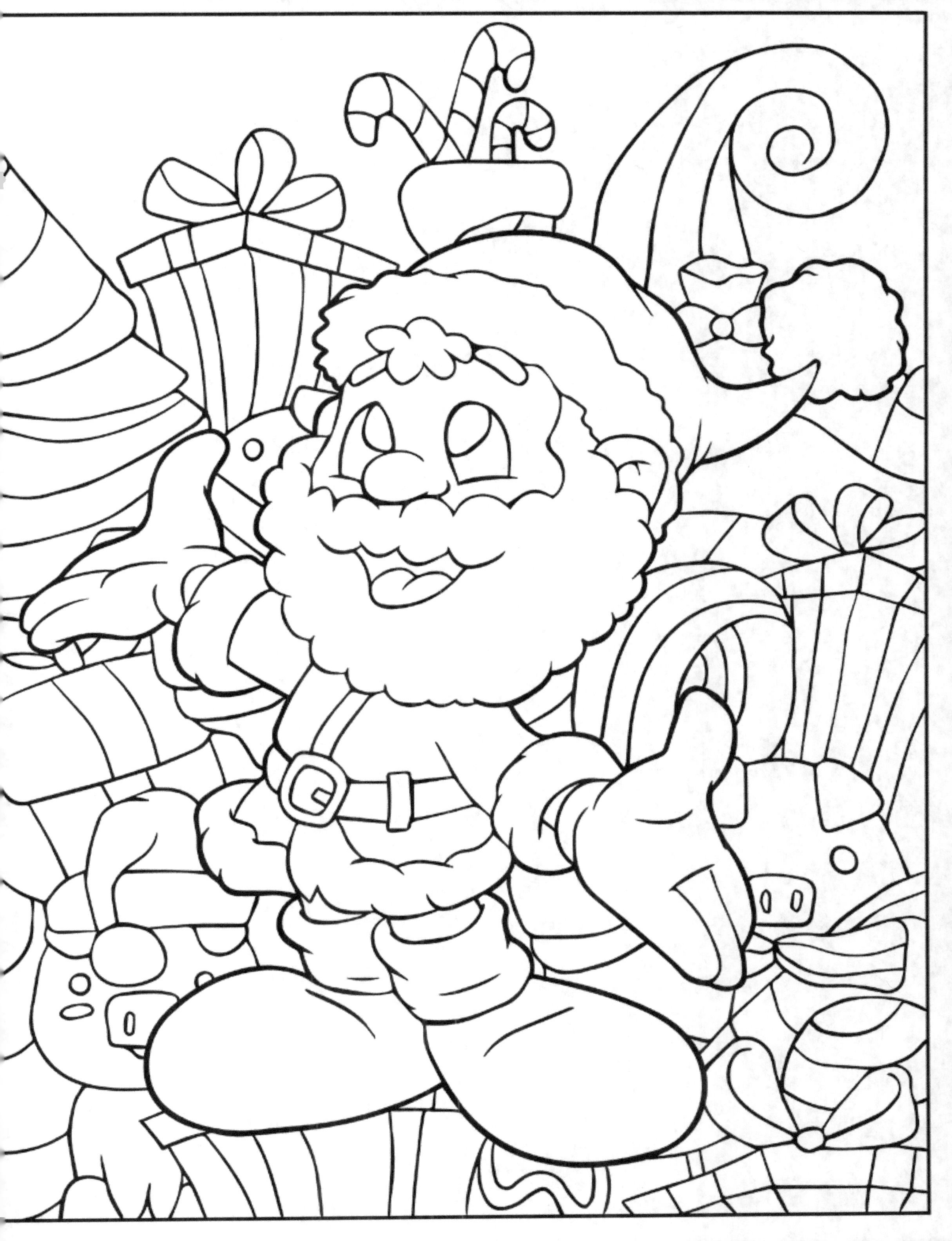

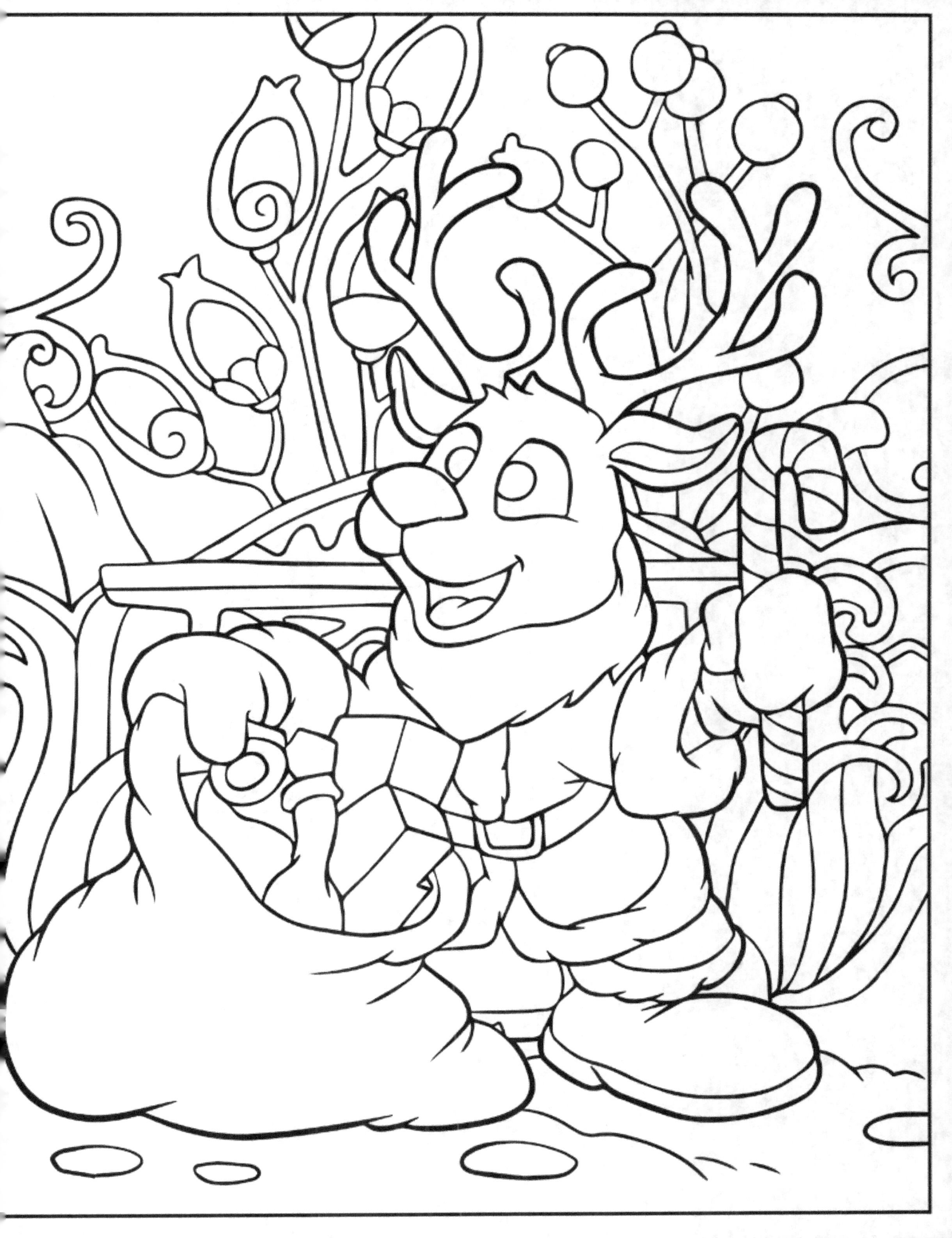

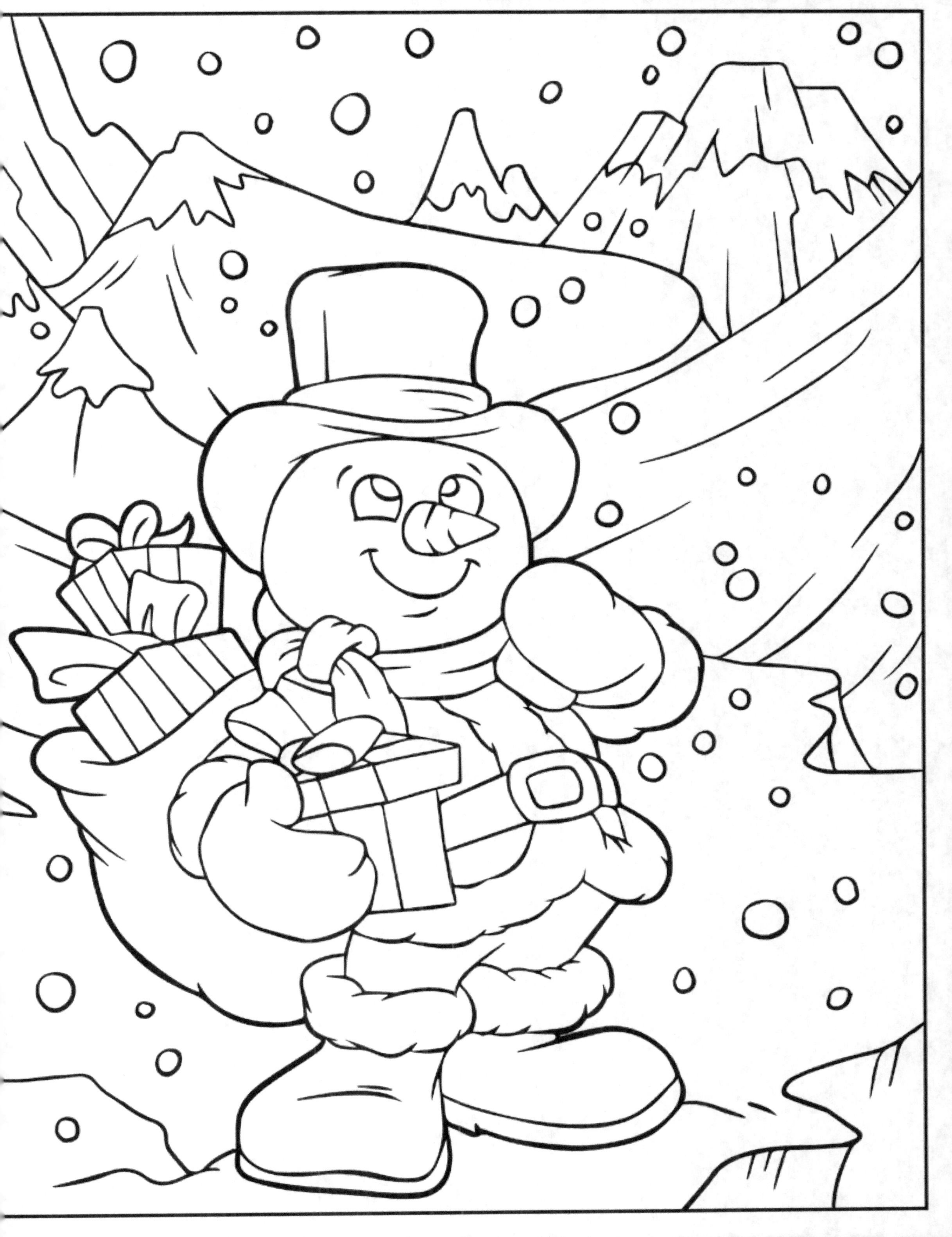

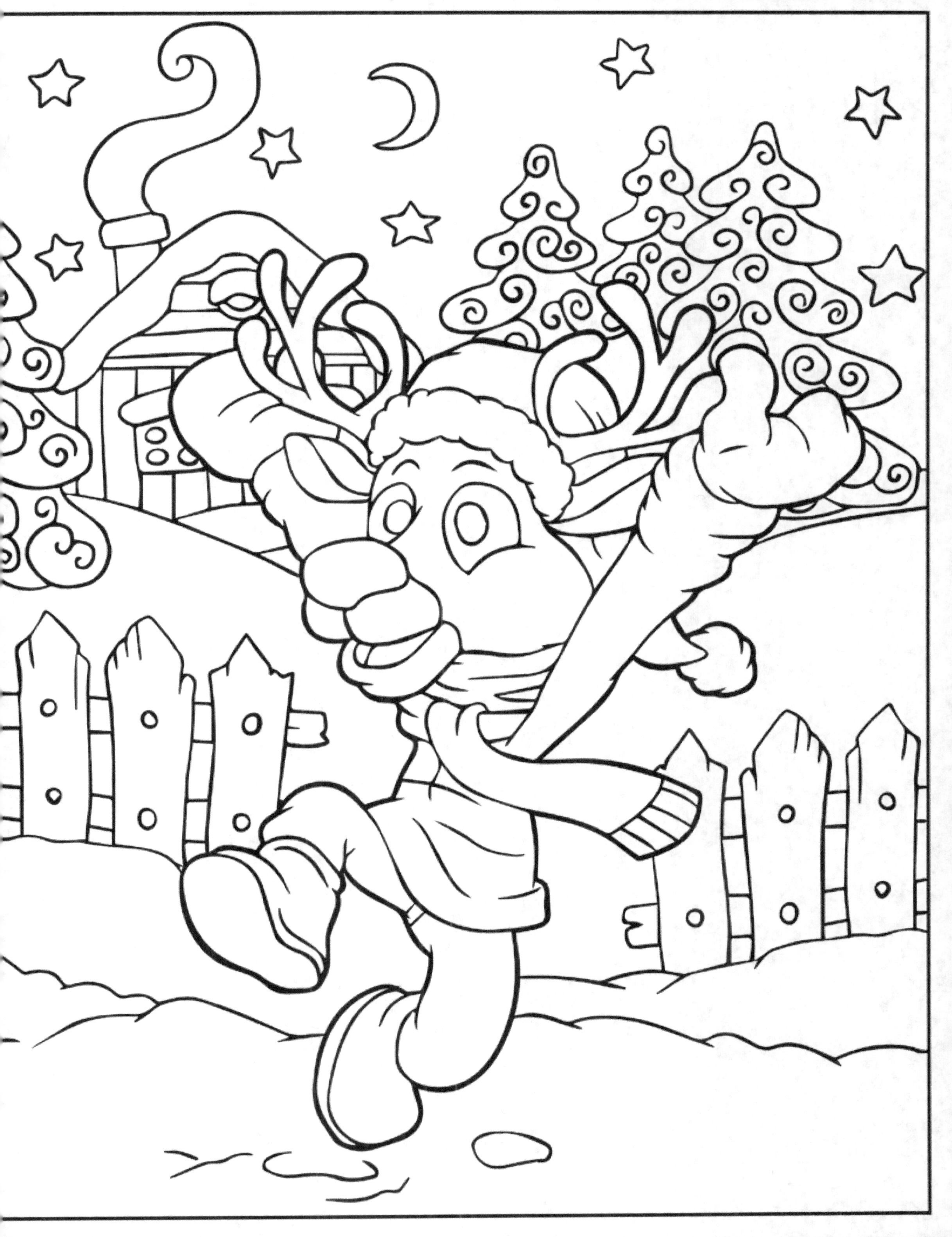

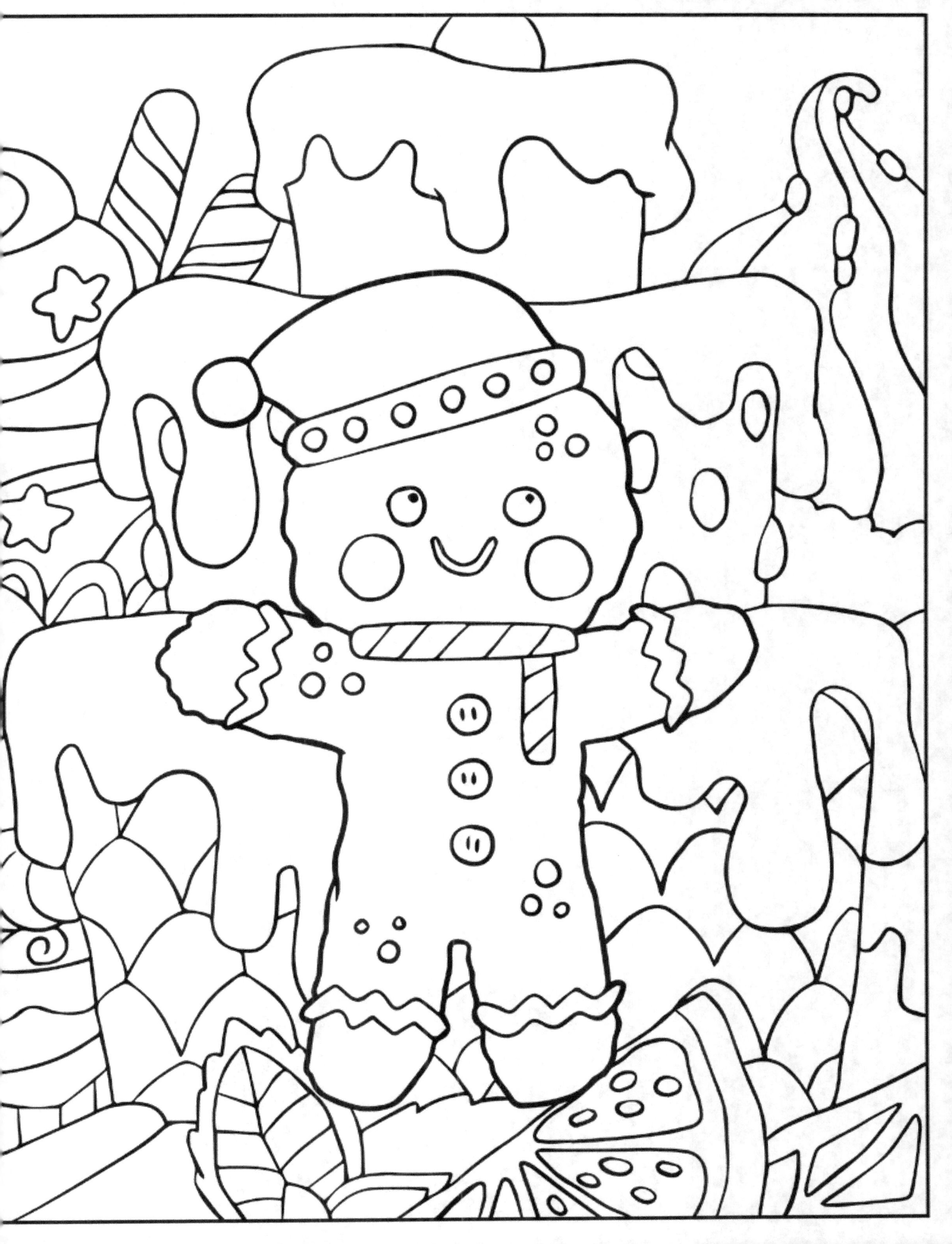

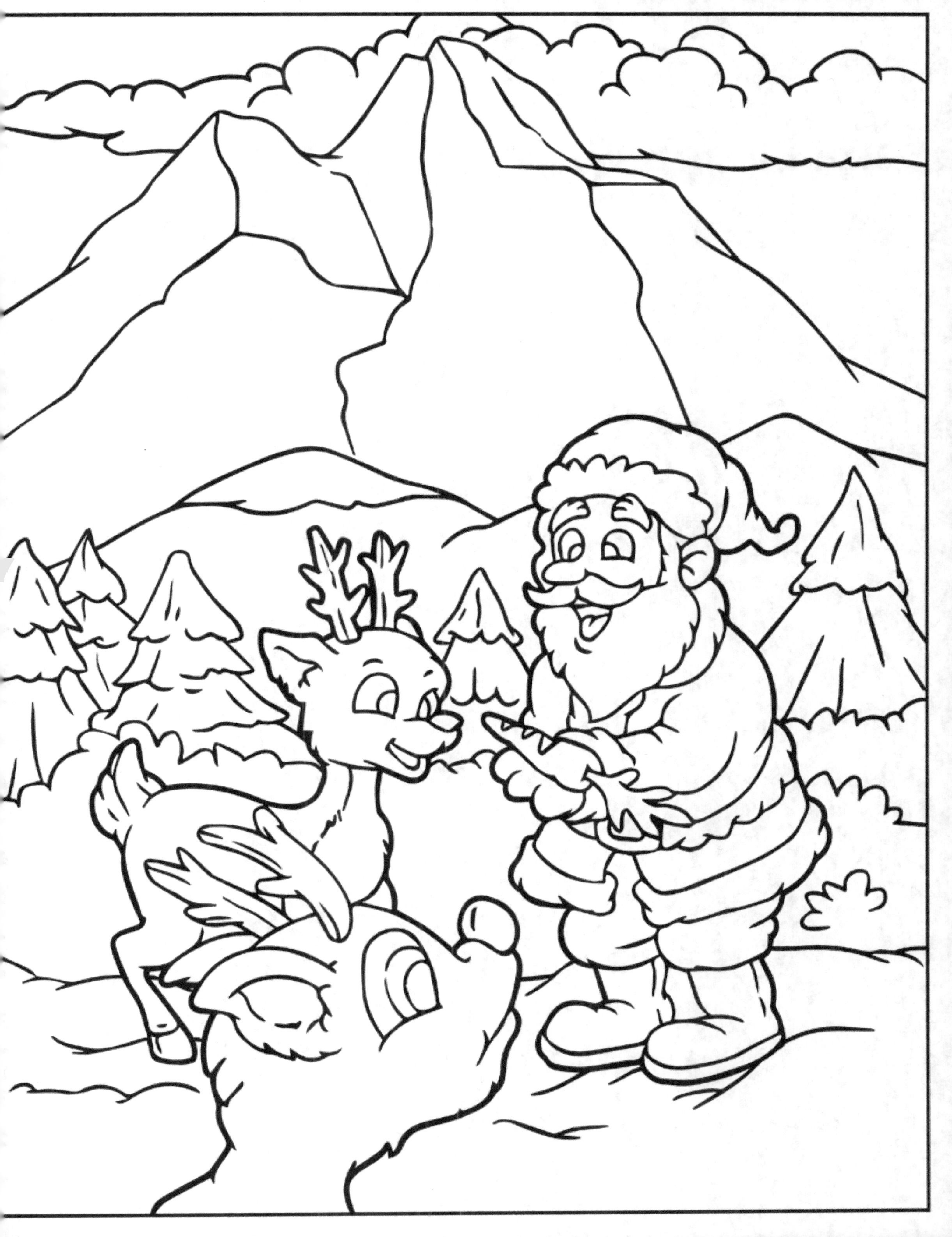

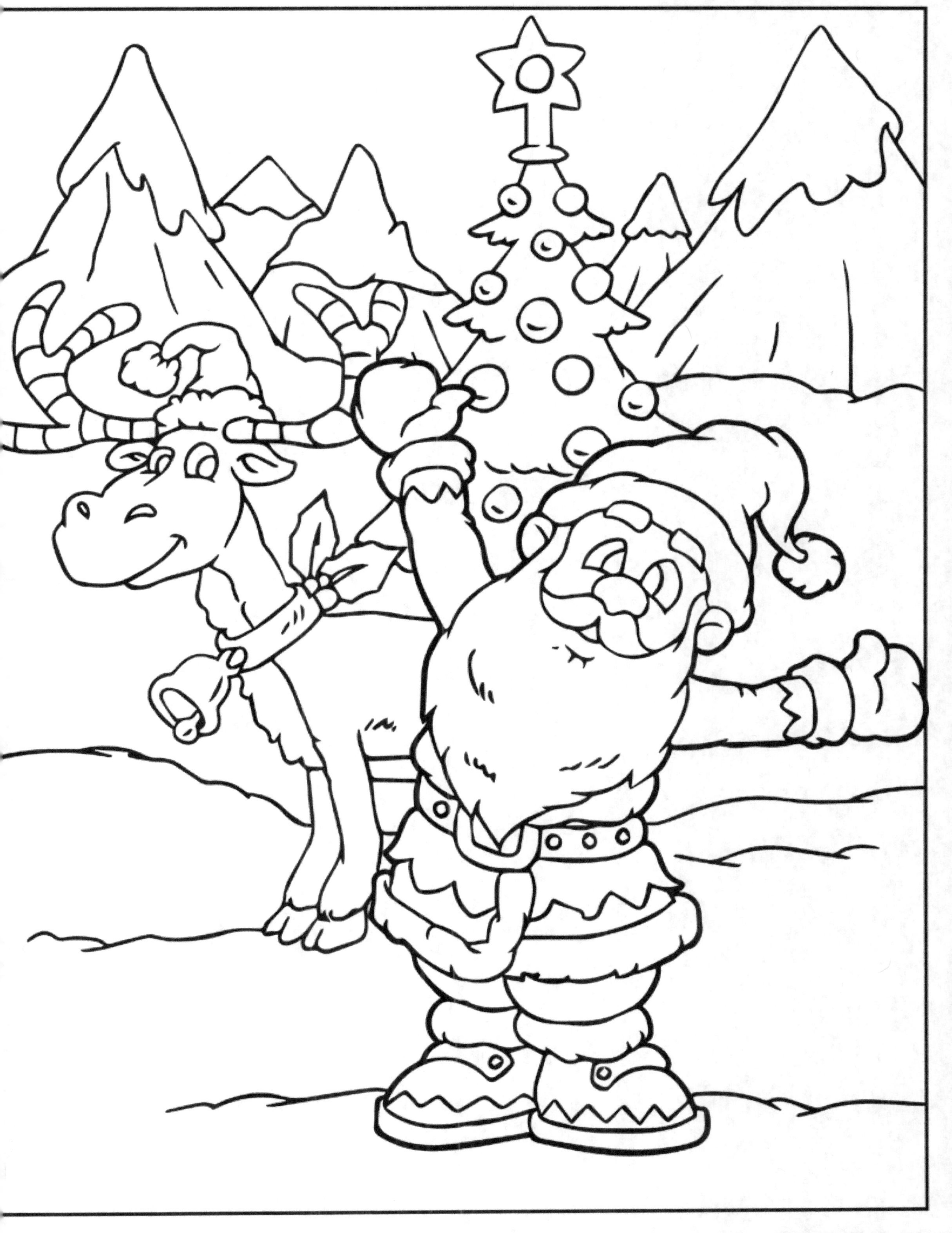

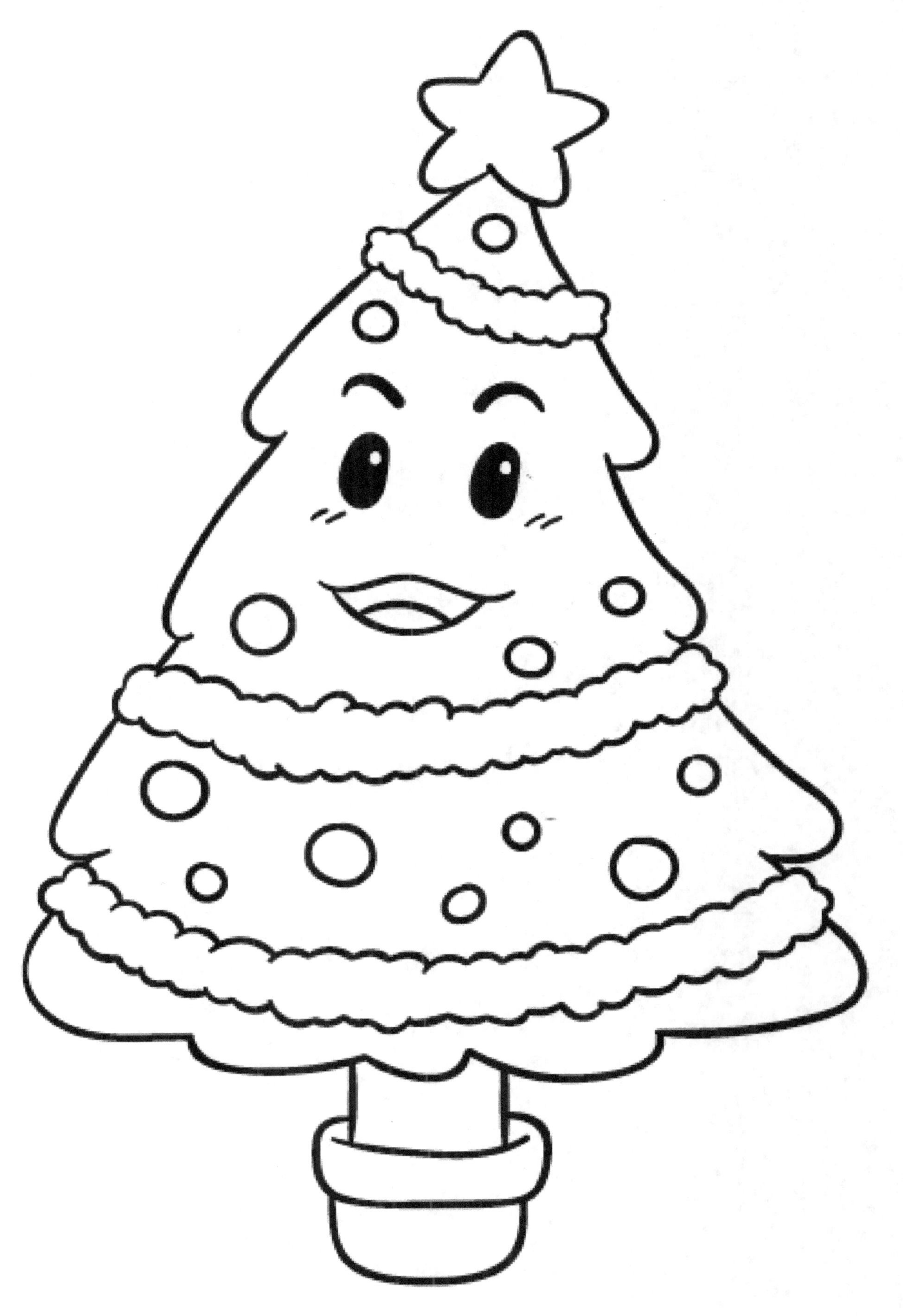

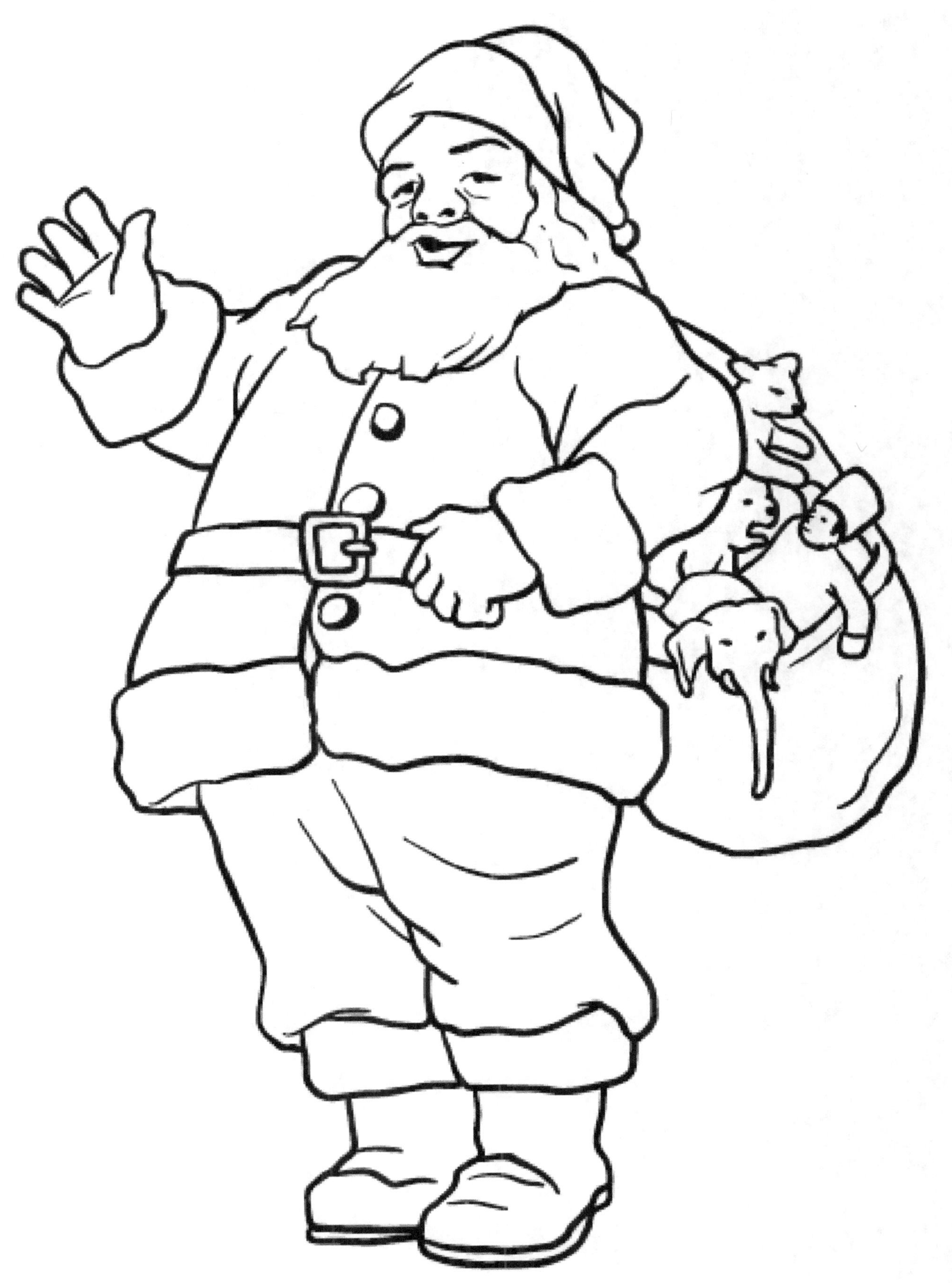

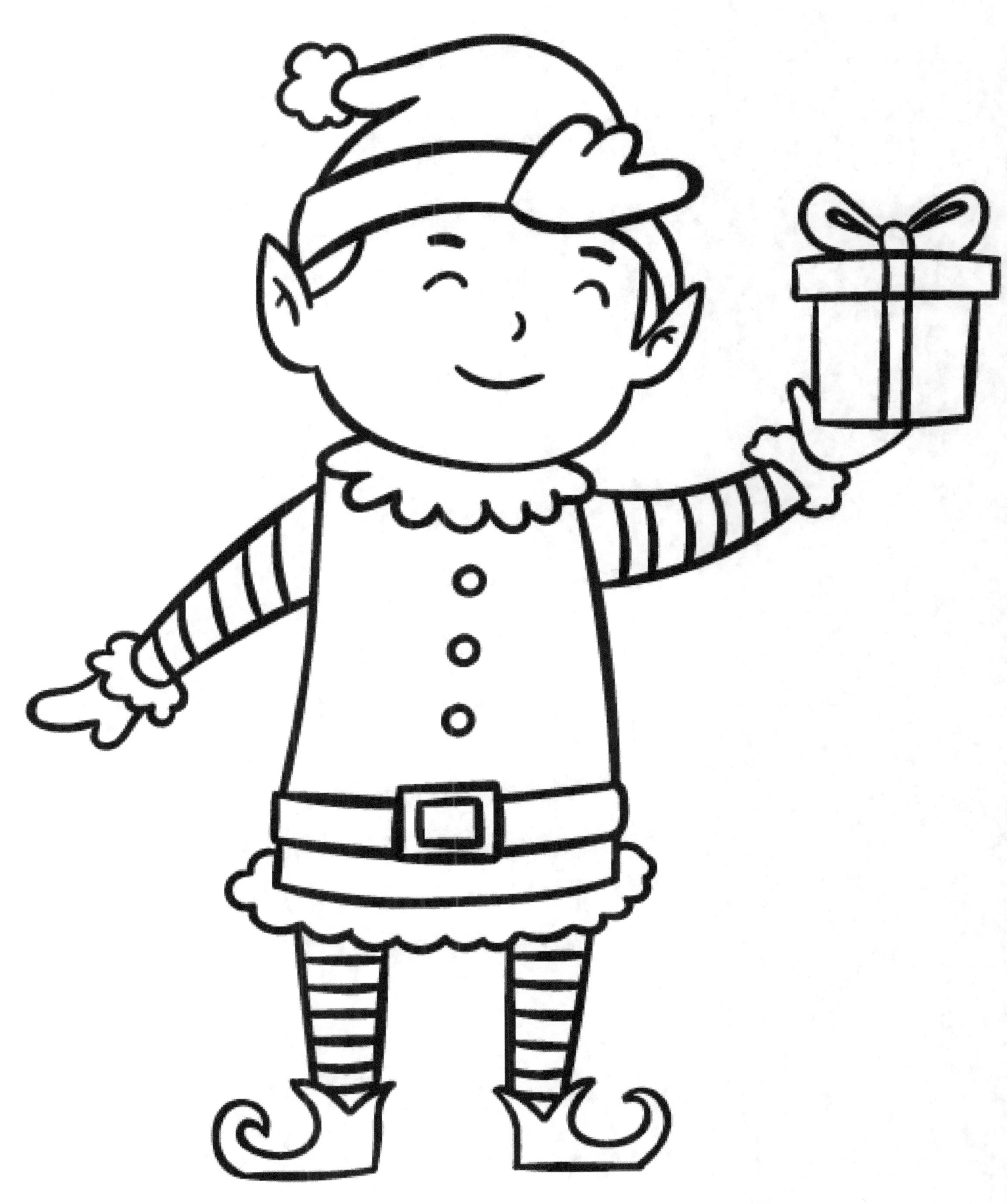

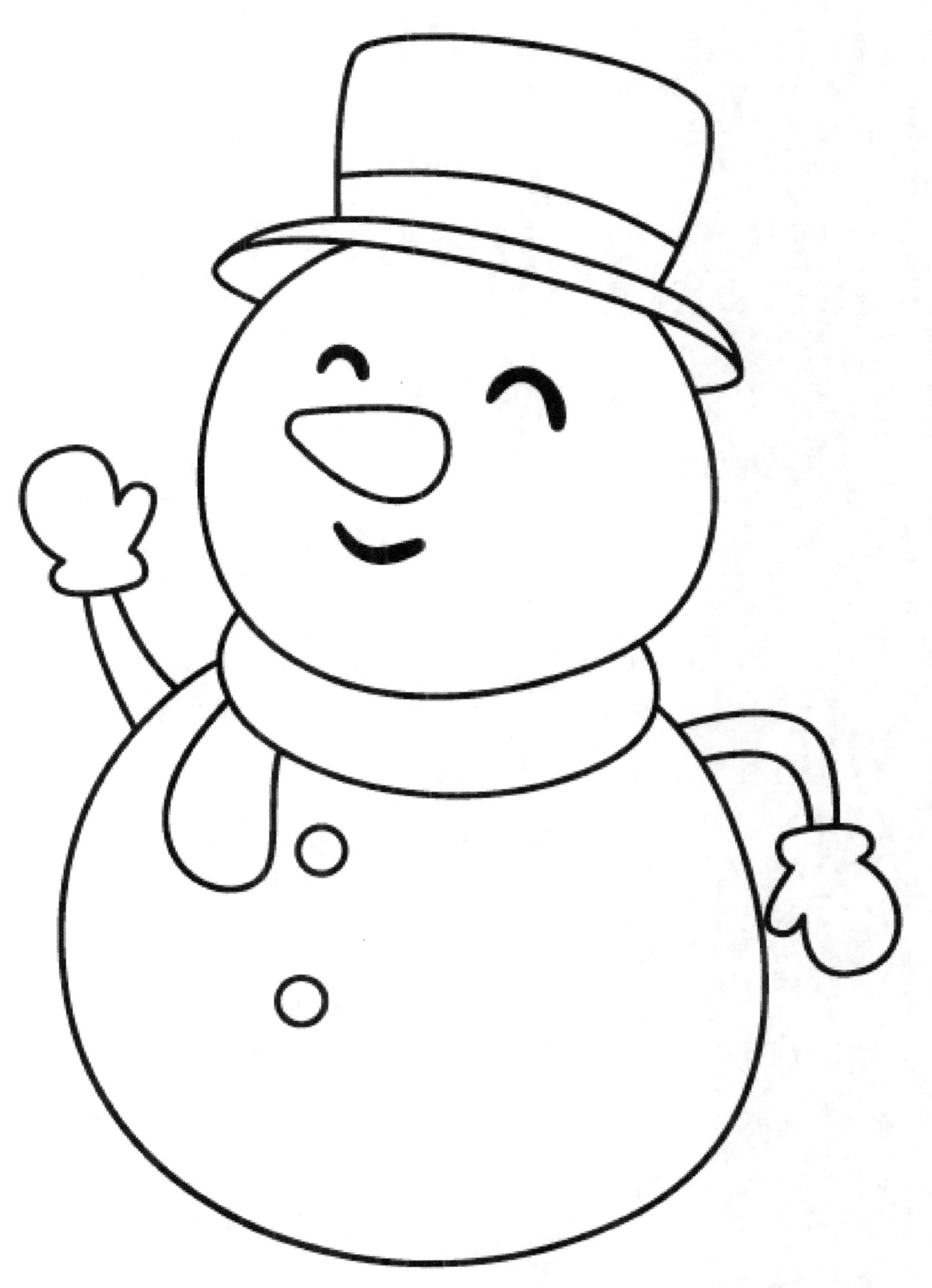

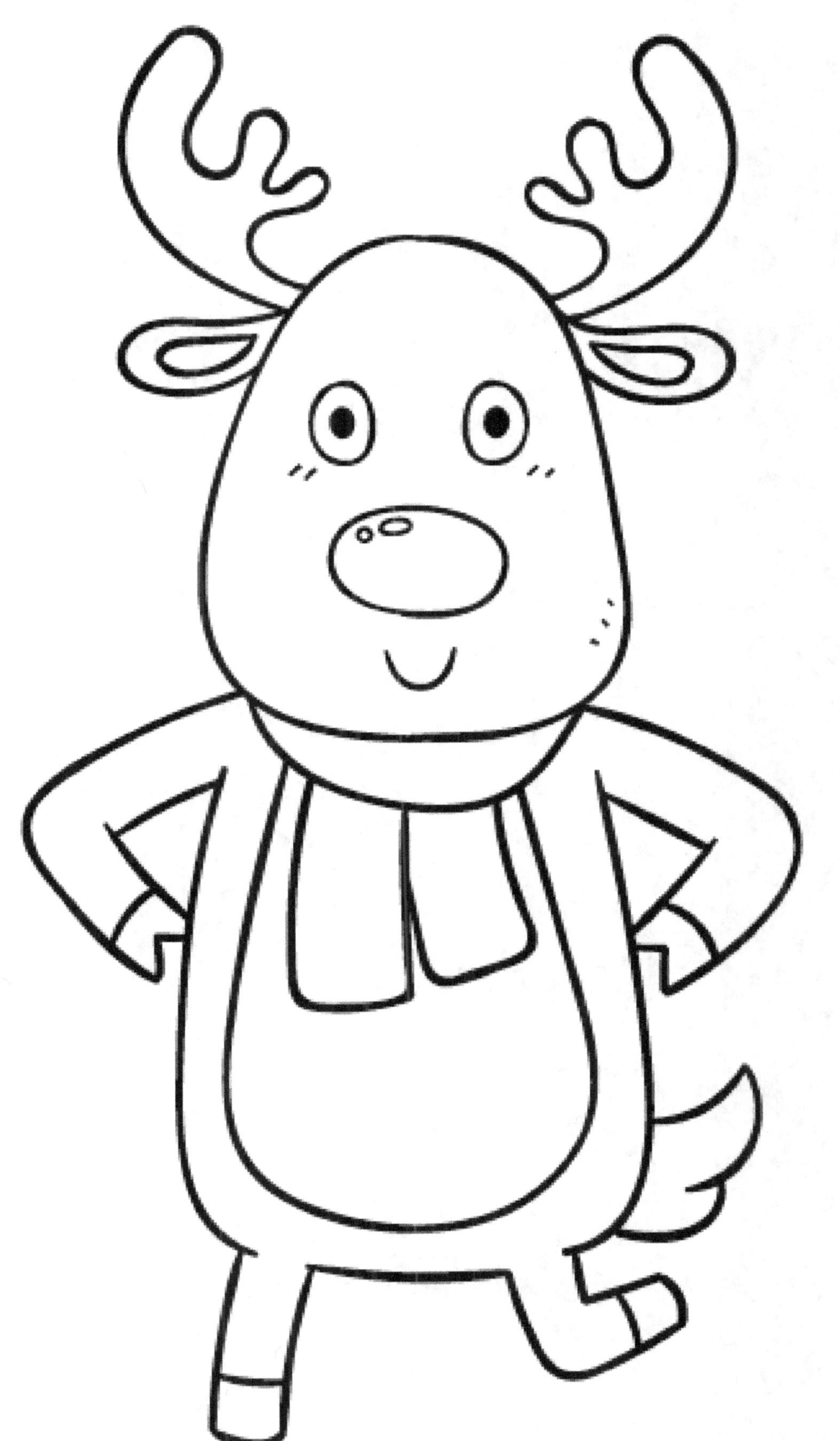

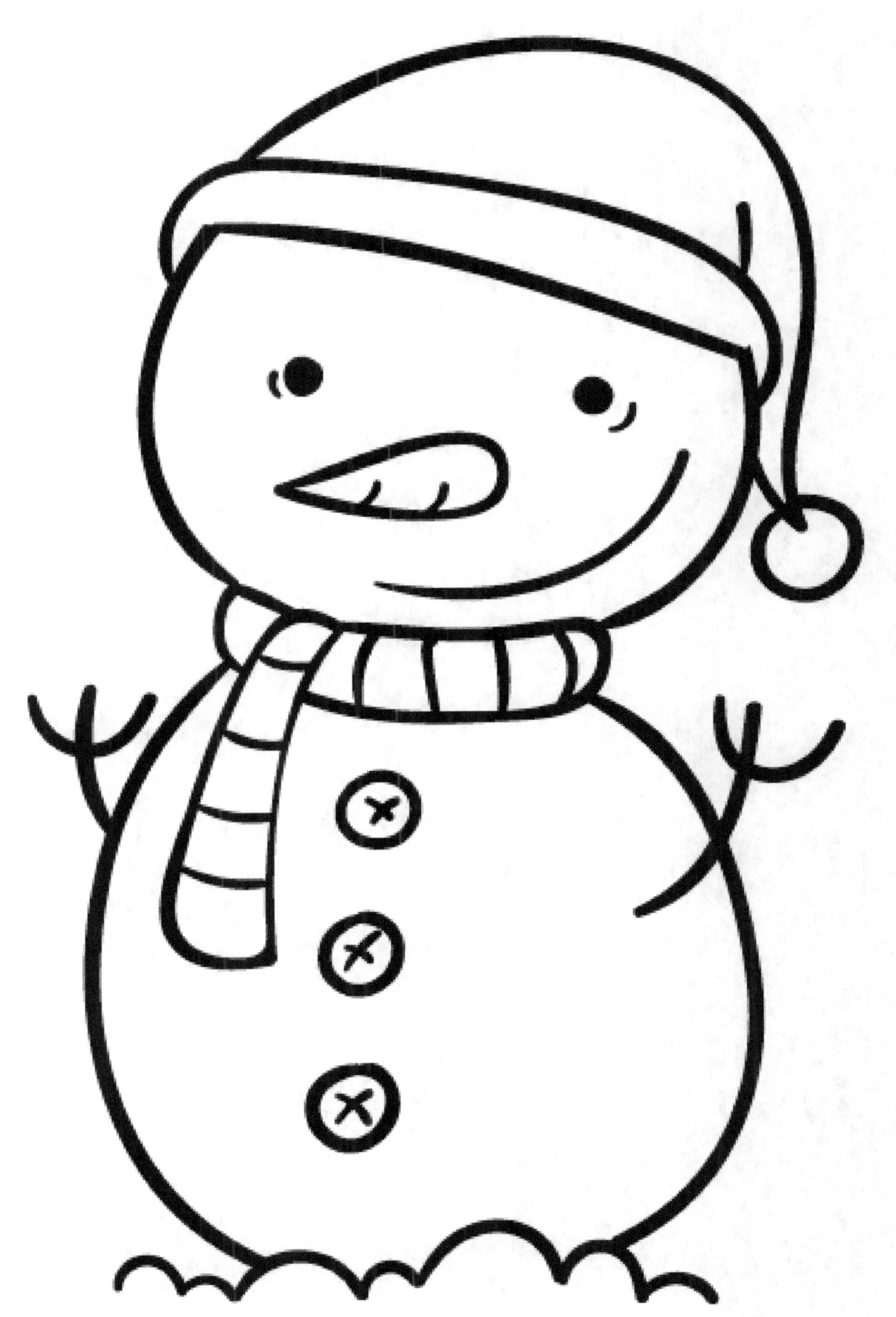

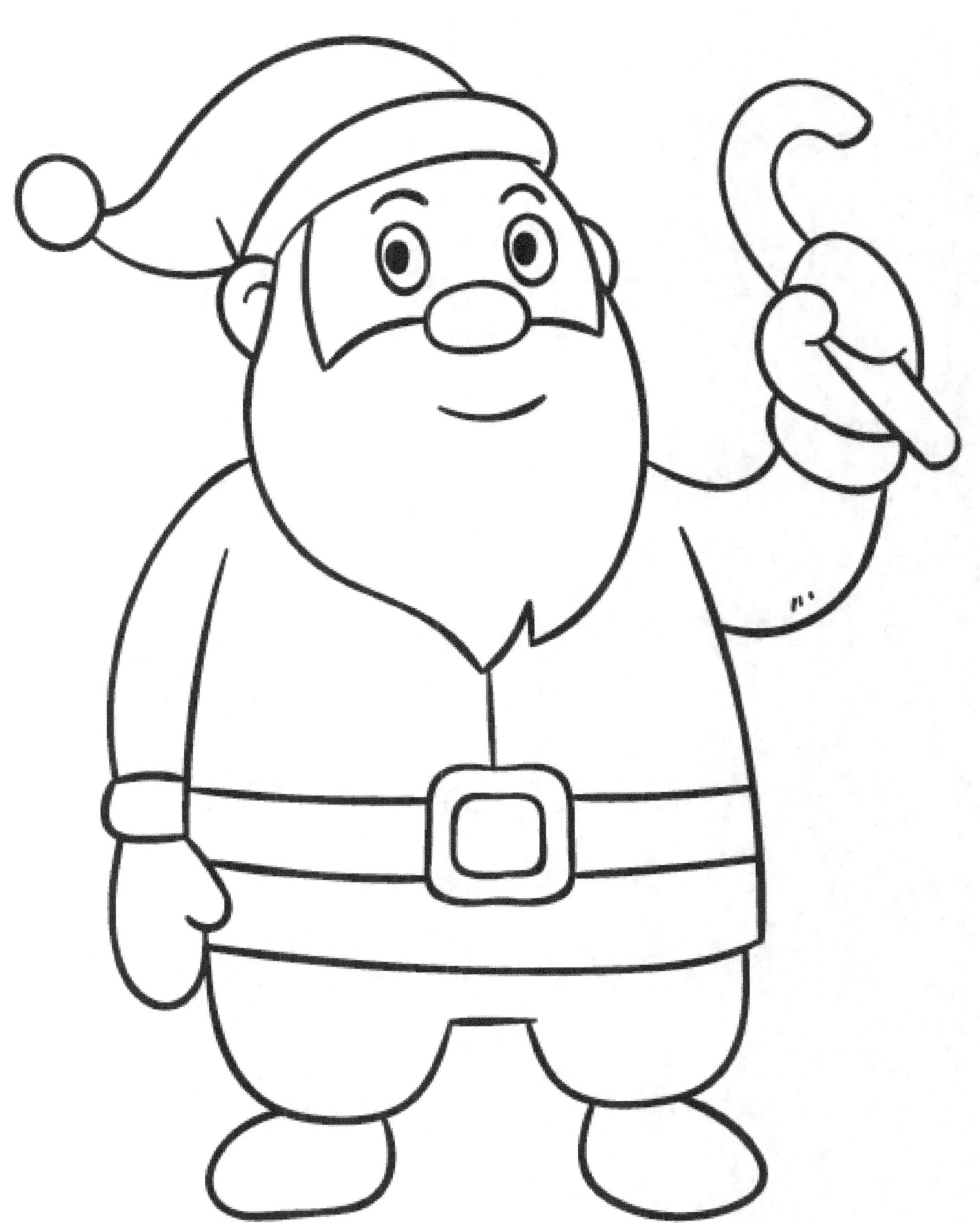

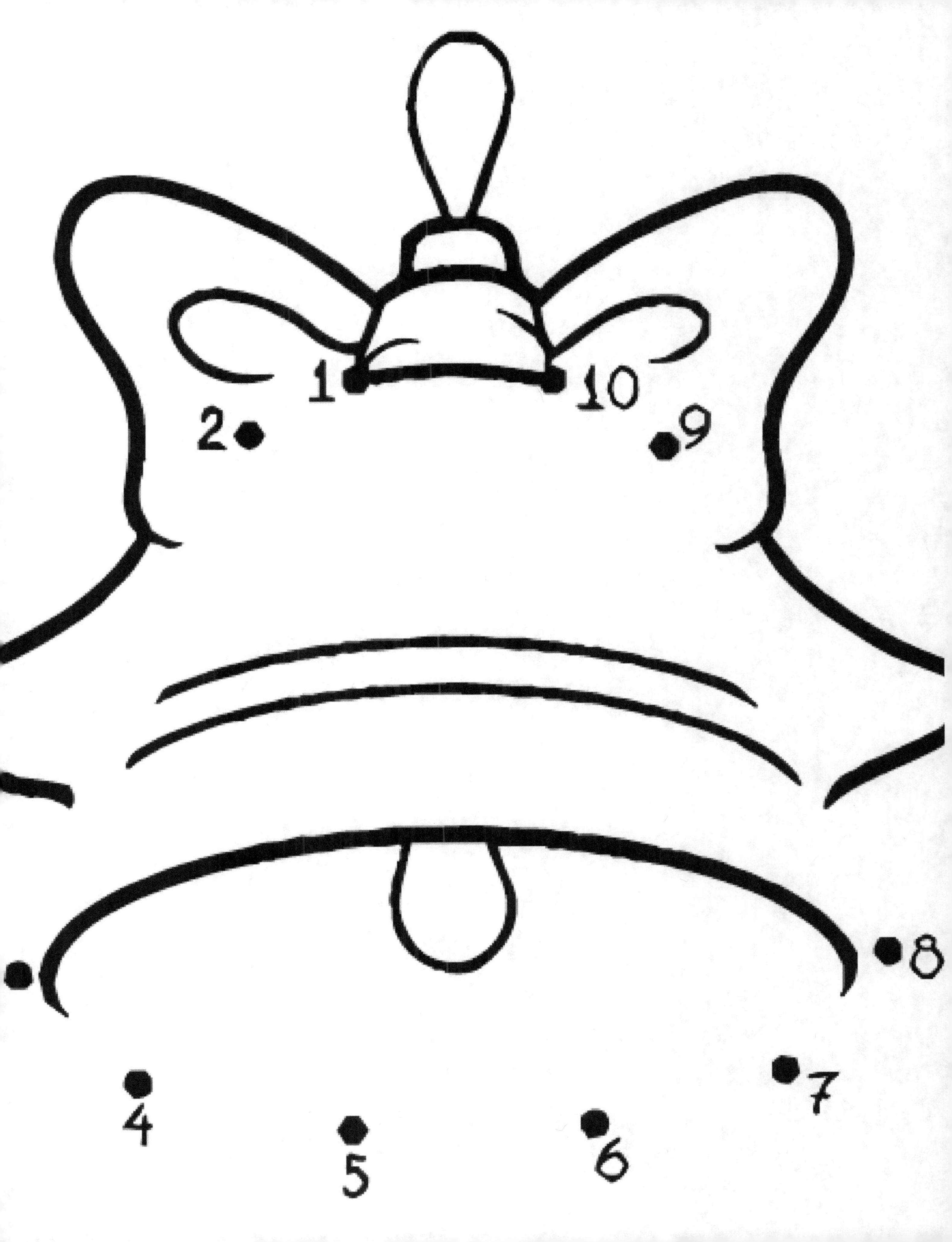
1
2
10
9
8
4
5
6
7

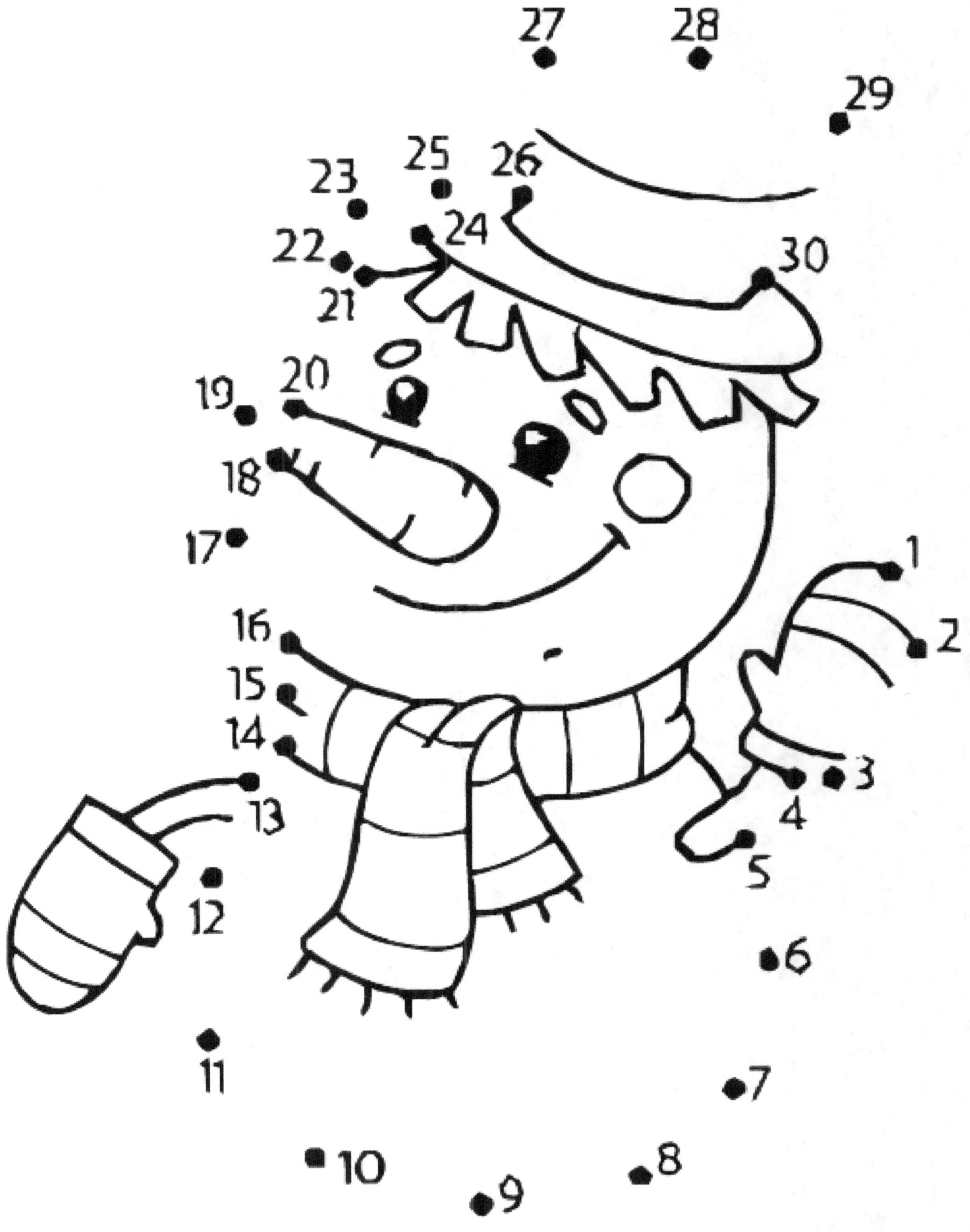

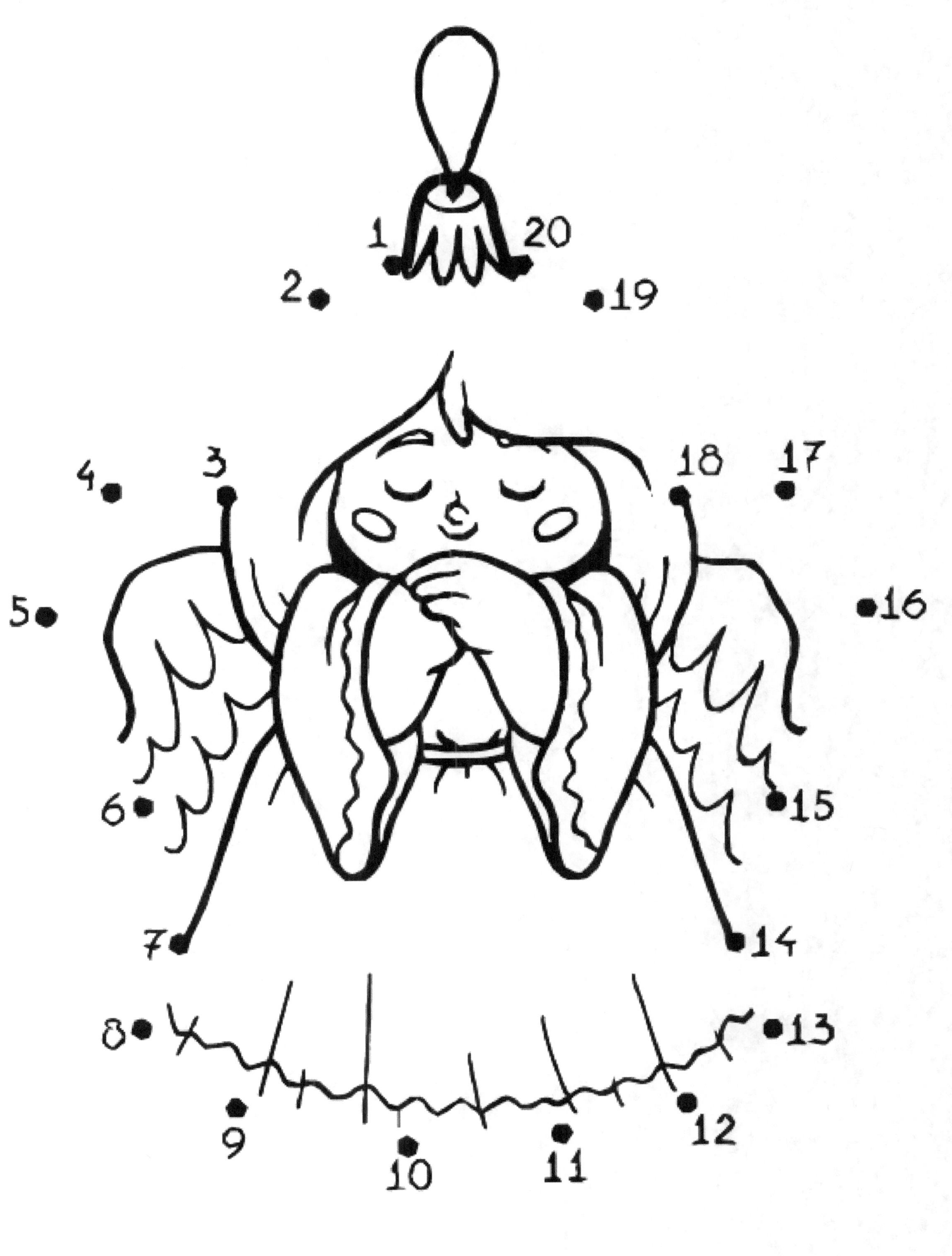

1
20
2
19
4
3
18
17
5
16
6
15
7
14
8
13
9
10
11
12

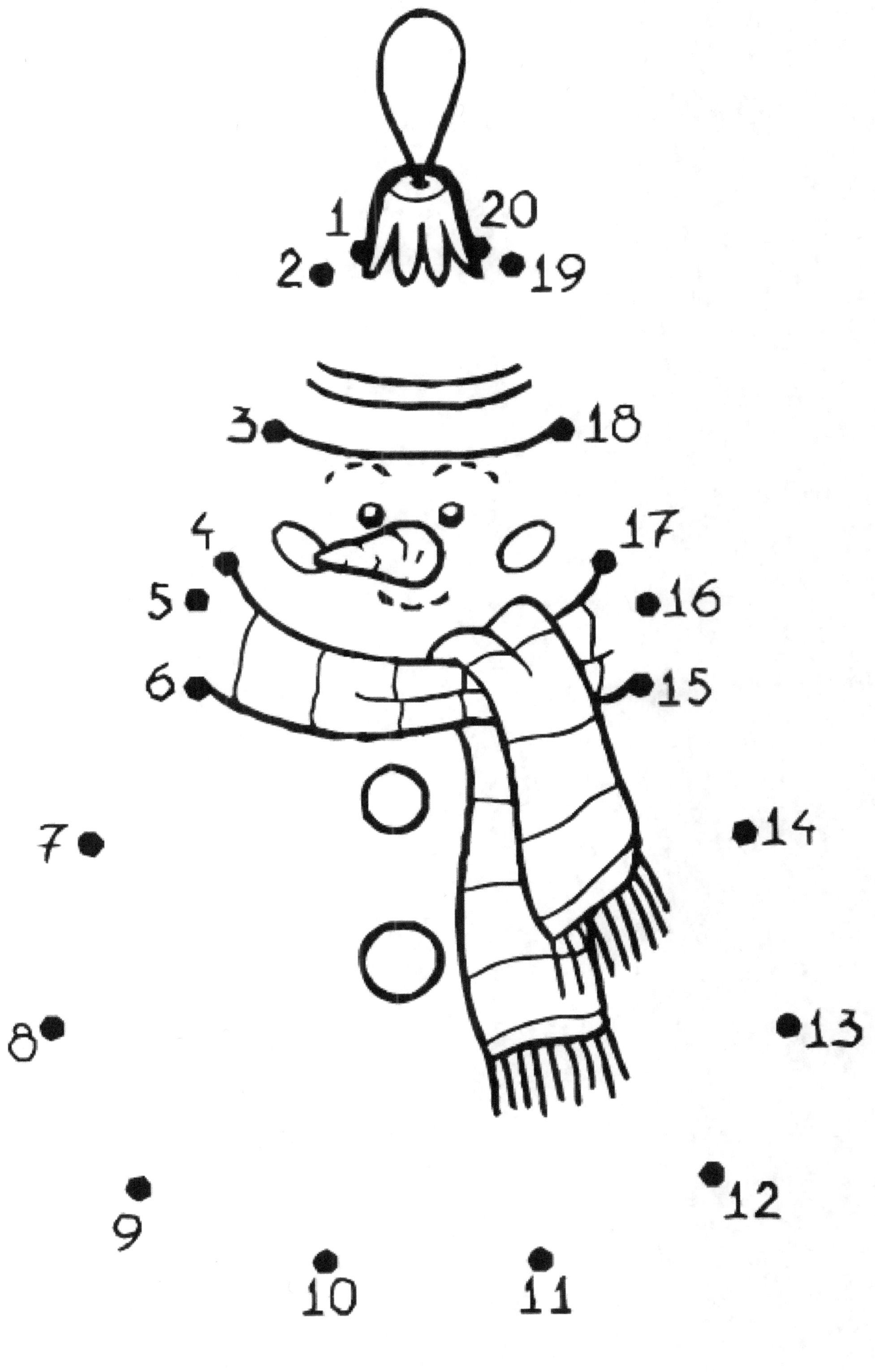

1
20
2
19
3
18
4
17
5
16
6
15
7
14
8
13
9
12
10
11

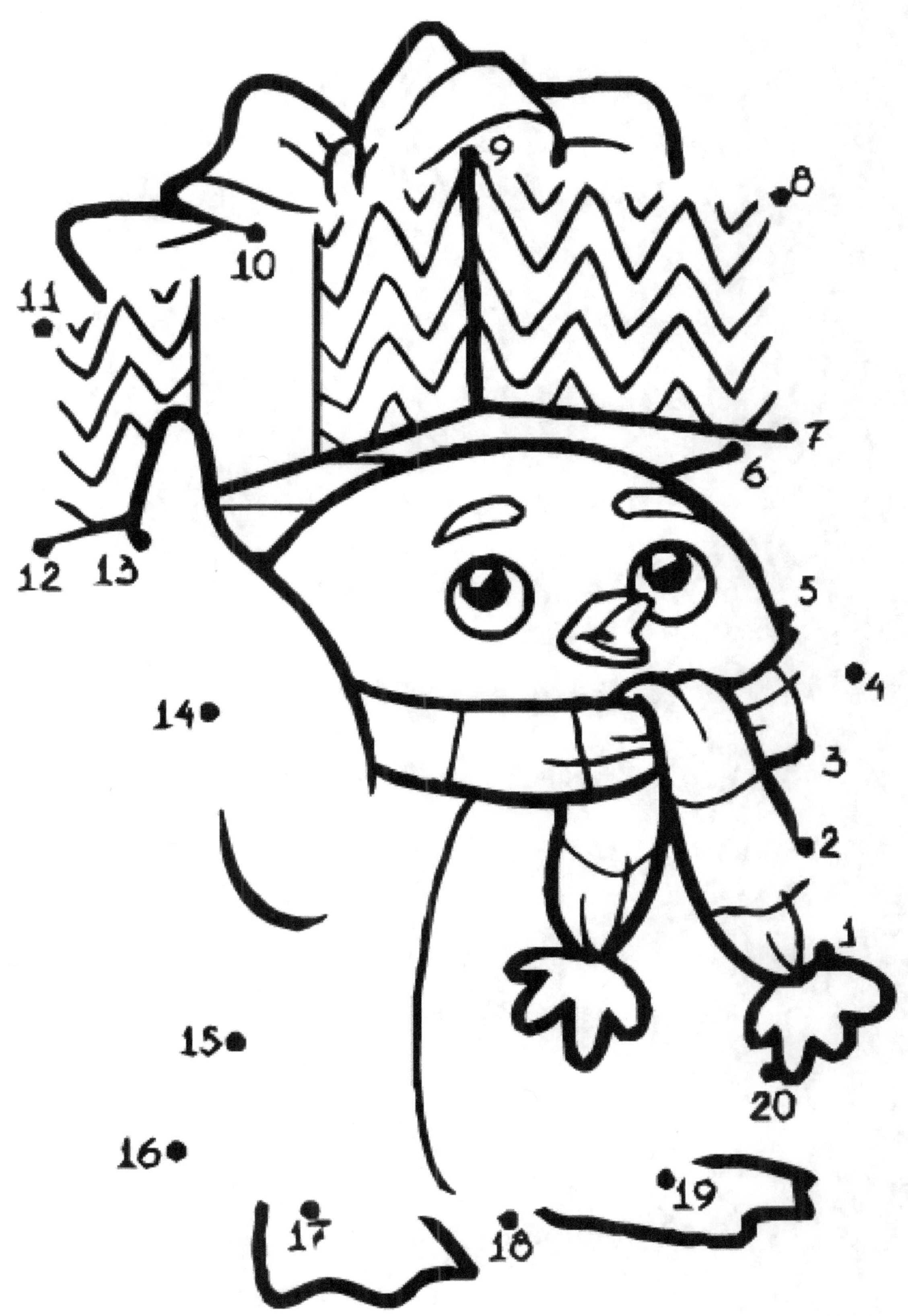

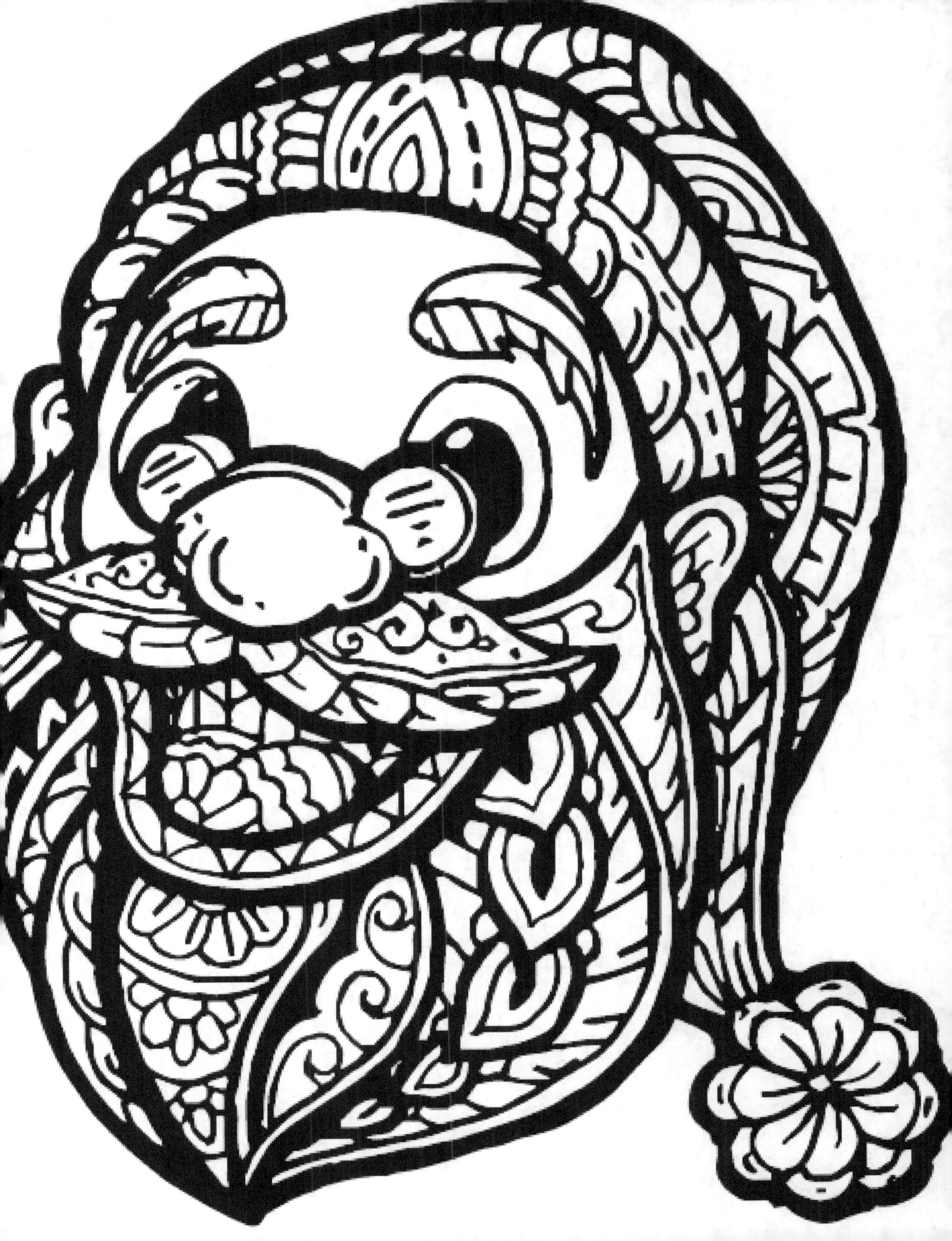

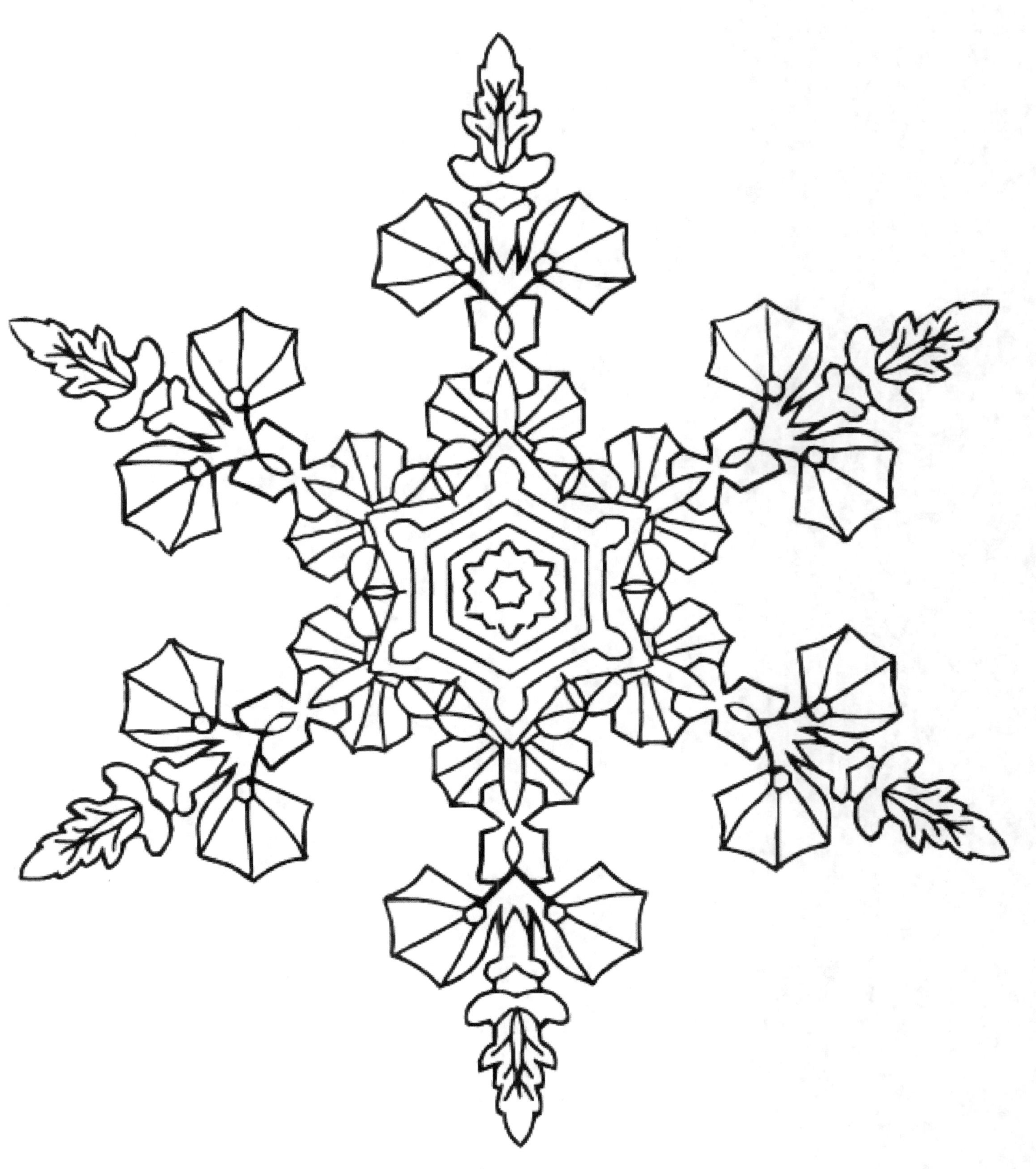

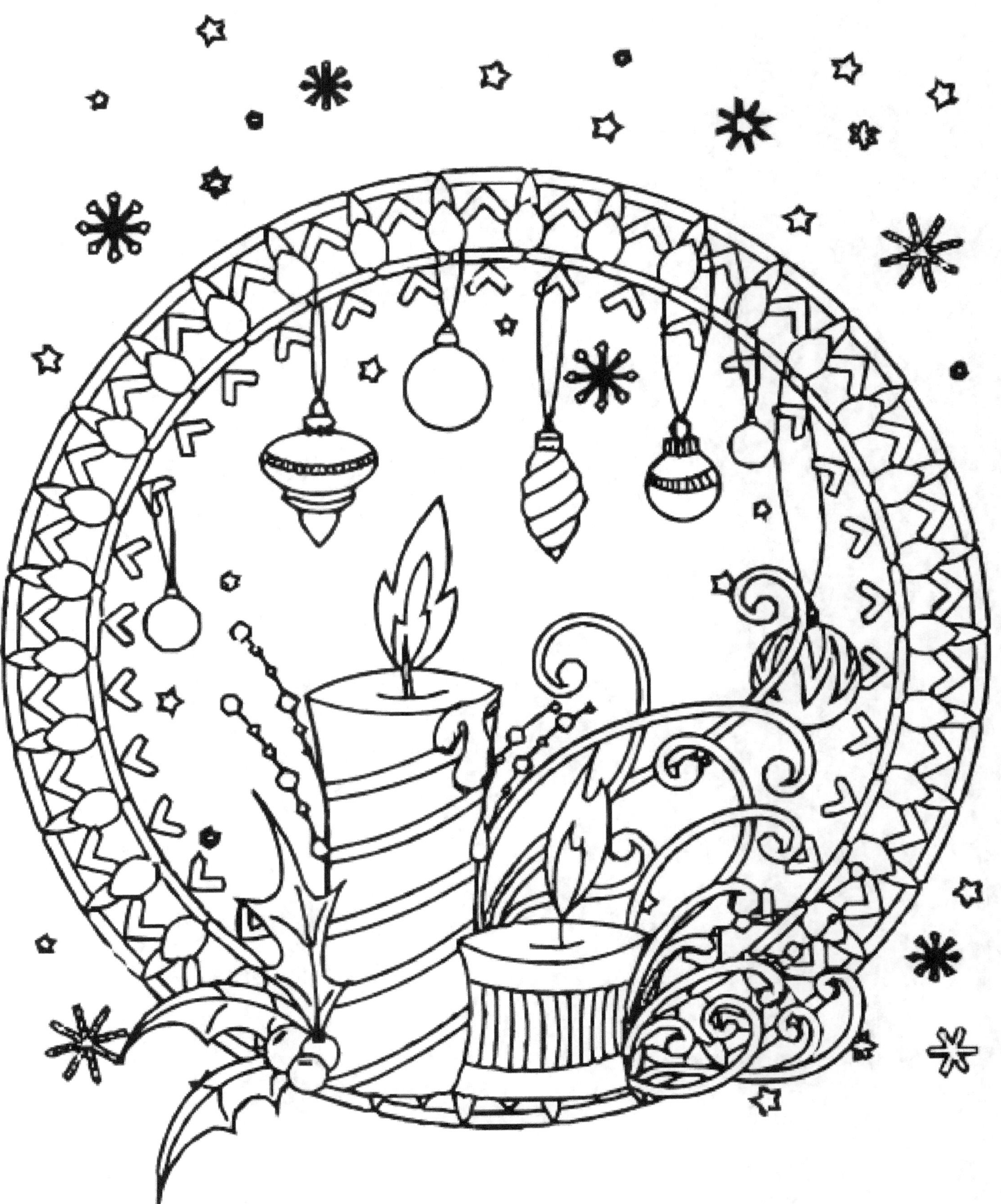

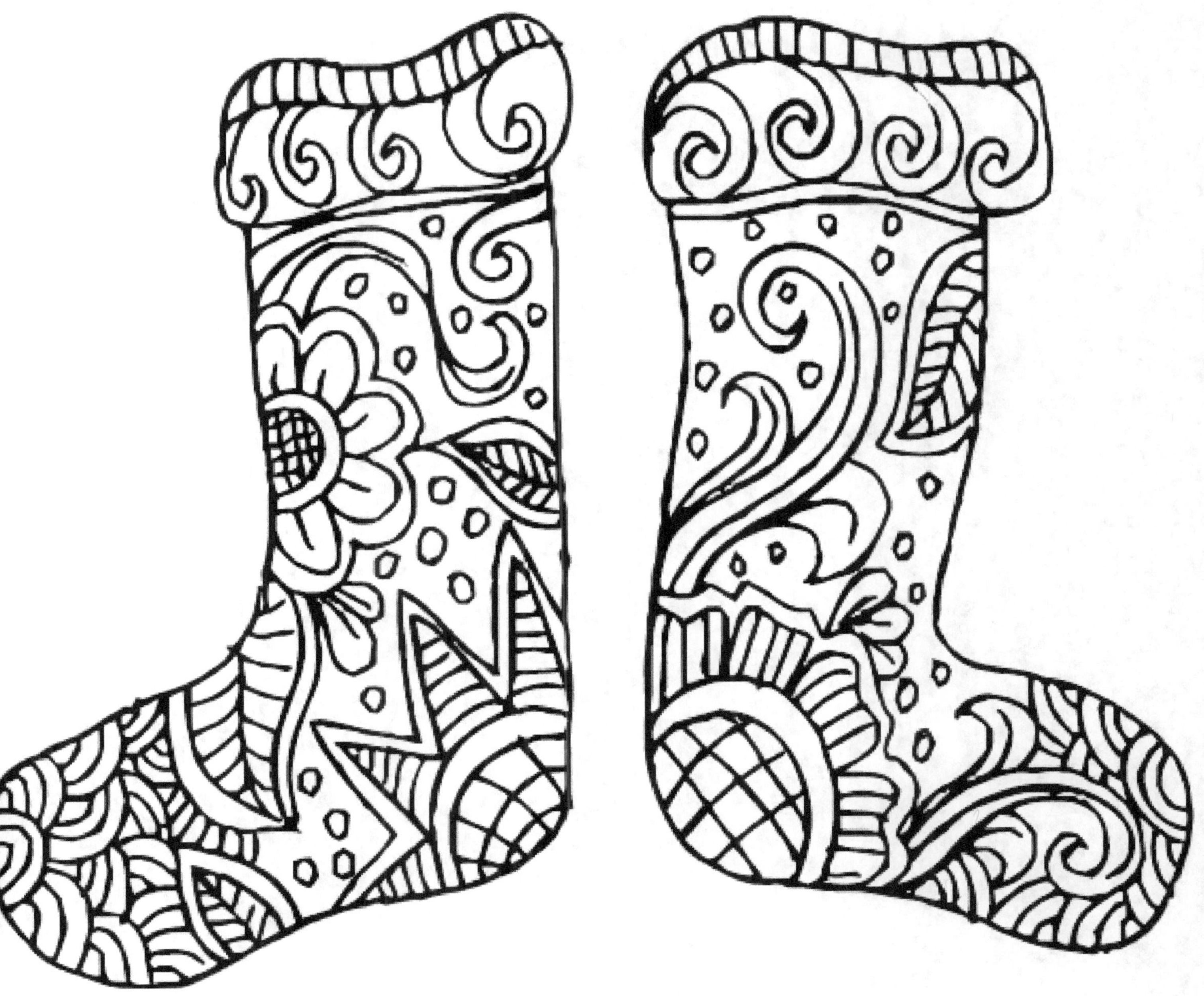

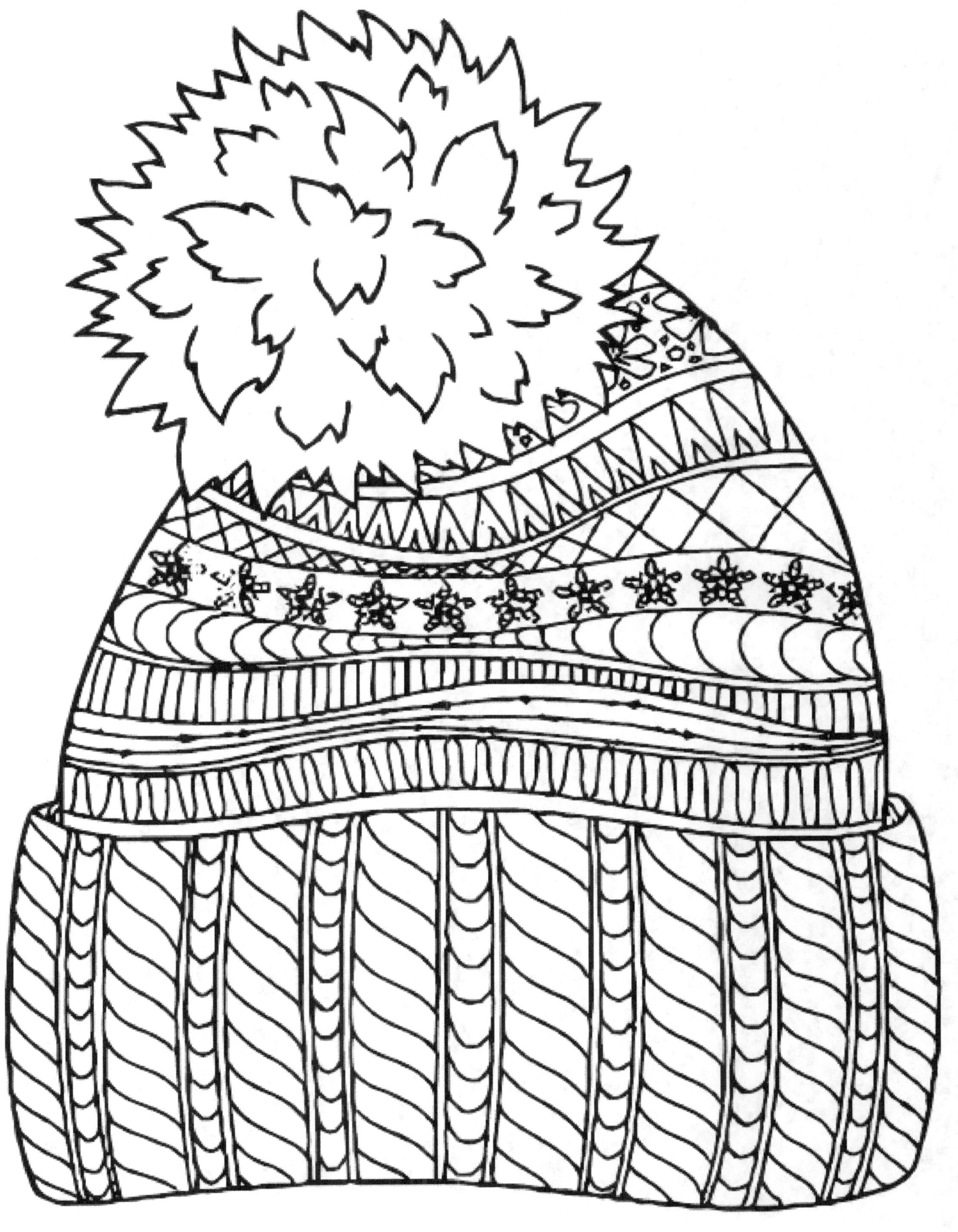

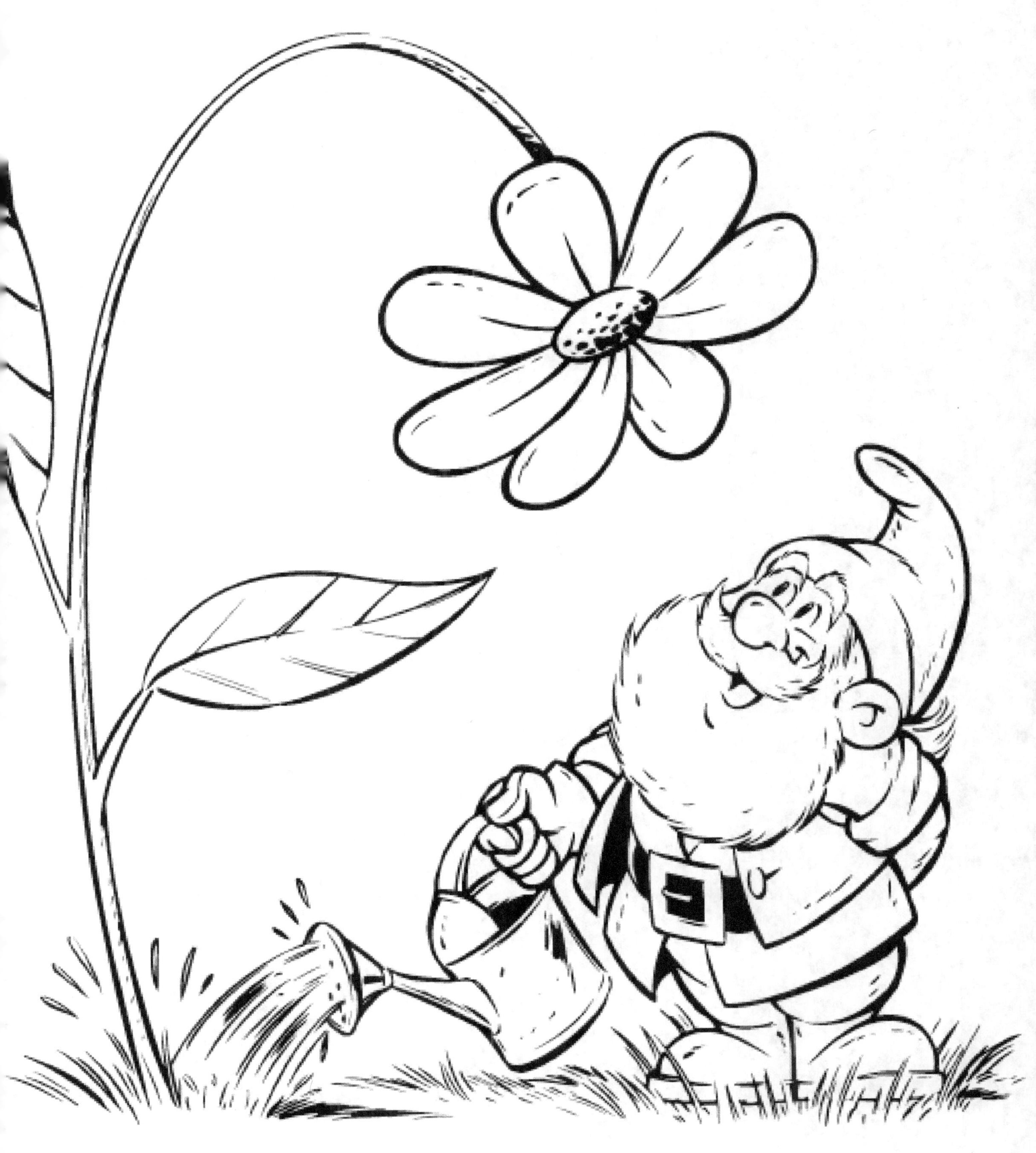

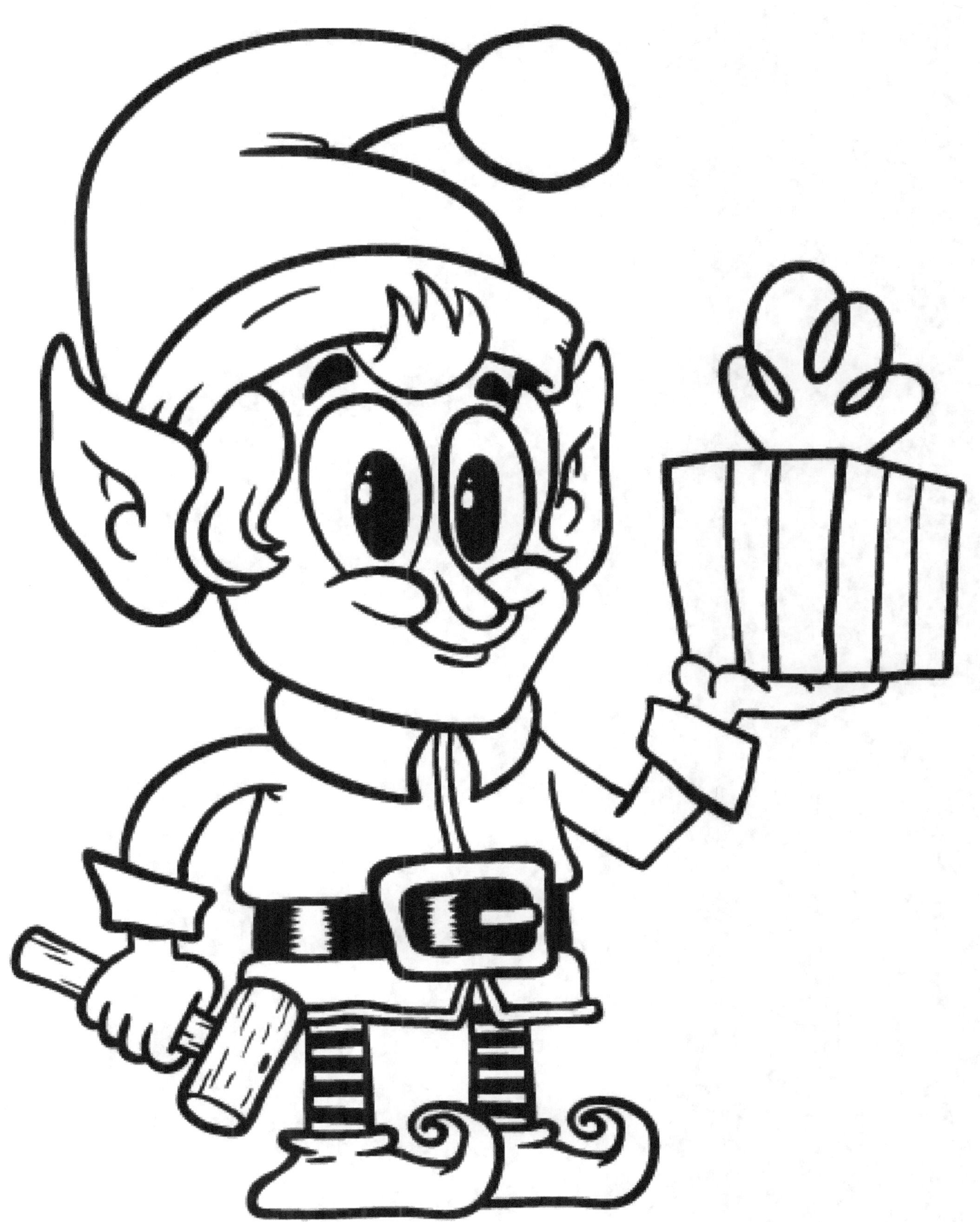

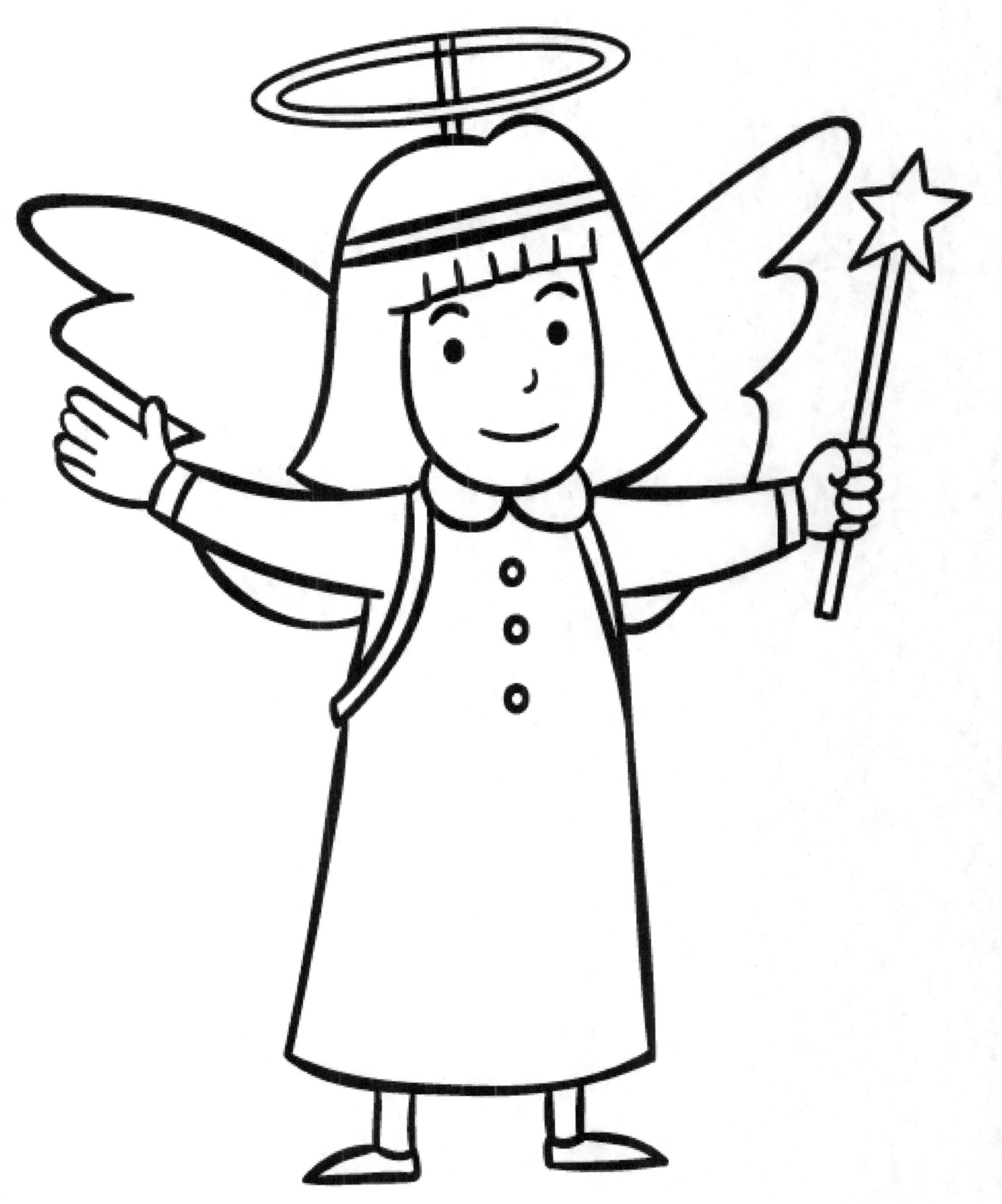

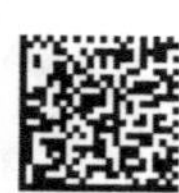

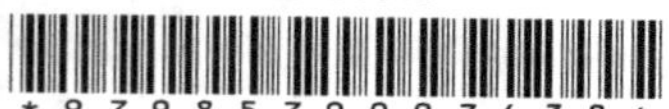